JN439146

못 말리는 덕후

김영분 수필집

교음사

자전 수필집을 내면서

수필이란 단어로 얼굴을 내미는 게 부끄럽다. 꼭 혼자 뒤곁에서 맛있는 것을 훔쳐 먹다 들킨 마음처럼 민망하고 부끄럽다. 나의 삶이 나의 인생이 바른지 그른지도 모른다. 내가 살아오면서 순간순간 쓰고 싶은 말을 뱉어 놓았을 뿐이다.

낙엽이 물에 빠져 떠내려가는 것을 집어 들었고, 일부는 물에 떠내려갔다. 나의 감정을 건져 올려 그때그때 적어 놓은 글이 책 한 권의 부피가 되었다. 나의 글이 역사가 되어, 또 한 권의 책이 되었다.

'나의 삶을 도막도막 늘어놓은 글(자전수필)의 이름을 붙여 방 한편에 걸어 놓고, 수시로 맘을 이해하여 달라'고, 하고 싶다.

글을 쓸 때는 나를 돌아보며, 망둥이가 뛰어가다 멈추듯이, 급하게 뛰는 습관을 멈추게 하고, 삶의 가쁜 숨을 쉬다 나 자신을 가라앉히는 순간이 된다.

나는 사랑하는 자식들에게 내 마음의 삶을 말하고 싶기도 했다. 내가 필사적으로 살아온 삶이었고 이렇게밖에 살 수 없었다고. 나의 우여곡절 한 고달팠던 삶을 읽으며 엄마의 삶을 이해해 달라는 바람도 있다. '사랑을 듬뿍 주지 못해 미안하다'란 말도 하고 싶었다.

엄마의 삶이 고달프고 힘들었어도, 나름대로 그 시대의 삶을 노력하며 살아왔다.

누구나 세상을 살아가면서 나에게 닥치는 일들이 좋은 일일 수도 있고, 나쁜 일일 수도 있다. 나쁜 일이 일어났을 때 그 자리에서 빨리 일어나려고 노력하는 사람이 지혜롭고 현명한 사람이다. 더 좋은 날을 위해 마음을 다잡고 다시 노력할 수 있어야 한다. 그래야 내일은, 또 내일의 태양이 다시 떠오른다.

나는 이런 문구를 생각하며 나를 다잡고, 다잡으며 살아왔다.

나의 민낯의 삶을 세상 밖으로 나가는 것이 부끄러운 일이나 진솔한 나의 영혼을 있는 그대로 성실하게 내 모습을 나타내었다. 나 스스로 마음을 투영시키려 한다.

그러나 사람은 여러 가지의 일과 삶의 가치가 다르듯이, 다른 사람의 생각과 삶이 다름이라 얘기하고 싶다.

여기까지 살아오는 동안 나를 생각하면 후회와 번뇌가 많았지만, 앞만 쳐다보며 뚜벅뚜벅 걸어오기를 잘했다고 나에게 칭찬하고 싶다.

또 항상 나의 일에 박수를 아끼지 않은 나의 사랑하는 자녀들과 책을 만들기까지 도와주신 여러분께 진심으로 감사함을 전하고자 한다.

2023년 가을에 저자 김영분

차례

2. 사랑의 털장갑

3. 고라니를 이긴 남편

4. 조선 왕릉에서의 동창회

1

젊은 날의 자화상

젊은 날의 열정을 손수 보여주시던 선배님의 손짓이, 눈발 휘날리는 비탈길이라도 내가 따라갈 수 있도록, 늙지 말고 앞장서서 걸어가시길 간절히 기도합니다.

귀농의 희로애락

장마 후의 밭에 잡초가 농작물을 덮어버렸다. 풀의 종류는 많지만, 제일 농작물을 괴롭히는 풀은 콩 풀, 마 덩굴, 환삼덩굴로 식물을 감고 올라가 나중에는 작물을 죽여버린다. 남편과 나는 식물이 상하지 않게 감은 잡풀을 풀면서 끊어 준다. 숨도 쉬지 못하게 농작물을 감고 올라온 풀을 풀어 주는 우리에게 '진작 풀어 주시지요. 친구는 벌써 죽었고, 나도 금방 죽을 것 같았어요.' 원망하는 듯하여 나는 작물들에게 미안한 마음이 들었다.

'모든 농작물은 주인의 발자국을 들으며 잘 자란다'란 얘기도 있다. 즉 사랑으로 가꿔줘야 한다. 그 어려움 가운데에 풋고추가 주렁주렁 열렸다. 고맙고 미안하다.

점심에는 싱싱한 풋고추로 막된장에 찍어 밥을 맛있게 먹었다. 풀을 뽑는 노동 뒤에 먹는 점심은 반찬이 없어도 맛이 있었다.

일하다 목이 타면 자두나무에서 자두를 따서 한 입 베어 먹으며, 물 대신 수분 보충을 한다.

남편은 봄에 먹다 남은 감자가 싹이 나서 감자 순을 도려내어 밭 한 귀퉁이에 심었다. 제법 자라서 흰꽃과 보라색의 예쁜 꽃을 피웠다. 그런데 남편은 사정없이 꽃을 꺾어 버렸다. 보라색 꽃이 예쁜데 왜 따냐고 물으니 '감자알이 굵어지지 않고 작다'고 한다.

장마철이 오기 전에 감자를 캐야지, '빗물 속에 들어가면 감자가 썩는다'고 걱정을 했다. 남편은 한 바구니의 감자를 캐서 나를 보여준다. 먹다 남은 감자 몇 알의 순을 도려내서 심더니, 한 바구니의 감자를 만들어 놓은 흙의 힘이 위대했다. 정말 흙은 거짓이 없다. 노력해서 심으면 거둬들이게 해 준다는 진리를….

나는 자두를 열심히 땄다. 비에 떨어진 자두가 1/4이 되는 것 같다. 떨어진 자두는 썩고 있었다. 커다란 소쿠리를 대고 얕은 나무는 올라가 따기도 하고, 따서 던지기도 하였다. 나중에 보니 잘 익은 자두는 던져지면서 으깨지고, 깨지고, 형편없이 변했다.

남편과 나는 날이 어두워지기 전에 자두를 3가지로 분류했다. 찢어진 것은 잼용으로, 깨진 것은 자두 청으로 멀쩡한 것은 과일용으로 어둑어둑할 때까지 분류한 다음, 수돗가에서 여러 번 깨끗이 씻어 큰 바구니에 담아 놓았다.

이튿날 아침 커다란 솥에 장작을 지펴 잼을 만들기 시작하였다. 한참을 끓이다 커다란 채로 씨를 건져 내었다. 과즙 자체가 달아서 중백설탕 3/4 양과 소주 1L 정도 넣고 끓였다. 잼의 양이 반으로 줄 때까지 장작불에 달였다. 소주가 방부제 역할을 한다고 해서 넣고 해 보았다. 작년에 소주를 넣지 않아서 곰팡이가 생겼었다. 모든 장아찌는 소주를 넣어야 한다는 요리사들의 이야기를 참고로 했다.

자두 청은, 매실청 만들기처럼 같은 방법으로 했다. 아침부터 저녁까지 자두와 씨름하며 하루를 보냈다.

새벽 5시에 남편은 일하러 살짝 밖으로 빠져나간다. 현관문 열리는 소리에 나도 잠이 깨었다. 눈이 떨어지지 않았지만 억지로 일어나 작업복을 입고 나도 밖으로 나갔다. 꽃밭에 풀이 꽃보다 더 크게 자랐다. 비가 많이 와서 호미도 없이 풀을 잡아당기는 대로 쑥쑥 잘 뽑혔다.

일요일이라 고속도로가 막히지 않는 오전에 서울로 가야 하기 때문에 속도를 내서 풀을 뽑고 있었다.

아~ 귀에 벌레가 들어갔다. 귀가 몹시 아프기 시작했다. 몇 년 전 기계에 손가락 잘릴 때보다 더 아팠다. 나는 정신 없이 남편을 불렀다. 비명에 가까운 소리를 지르며….

"전등 가져와!" 남편은 내 귀에 손전등 불을 비춰 보았지만, 벌레는 내 귀에서 더욱 몸부림을 치는지 귀가 너무 아팠다. "벌레가 보여!" "아니 안 보여!" 숨 가쁘게 대화가 오고 갔다. "여보! 일단 벌레를 죽이자!" 남편은 내 귀에 대고 에프킬라를 뿌렸다.

한참 후에 귀는 멍하고 아무 소리도 들리지 않았고 아픔은 멈췄다. 일단 아프지 않으니 살 것 같았다.

"빨리 집에 가서 병원 가자." 일하던 것은 다 던지고 나는 운전대를 잡았다.

오전 9시쯤 귀에 벌레가 들어갔고 30분쯤 고통 속에서 시달렸다. 집에 오니 12시쯤 되었다. 땀 범벅에 흙투성이가 되었고, 에프킬라 액이 묻어 얼굴 반쪽이 붉게 부어오르고 있었다. 사우나에서 닦아내고 돌아오니 아들 며느리가 쫓아와 있었다. 일요일에 진료 보는 병원을 검색하여, 아들과 함께 병원에 갔다.

이비인후과가 전문이 아닌 병원이다. 간호사는 귀를 당기고 의사는 날카로운 집게를 들고 벌레를 빼려고 하지만, '잡히지 않는다' 했다.

고막에 붙어서 떨어지지 않으니 월요일 일찍 이비인후과에 가면 흡입기가 있으니 그곳에서 죽은 벌레를 빼란다. 귀만 쑤석거려 놓아서 더 아프고 피까지 흐르고 있었다.

약국에서 항생제가 포함되어 있는 물약을 주며 하루에 5~6방울씩 세 번 떨어뜨리라 한다.

월요일 일찍 이비인후과에 갔다. 나보다 부지런한 사람이 많은지 한참을 기다리다 흡입기로 죽은 벌레를 빼어냈다. 의사가 빼낸 벌레를 보니 이름은 확실히 모르겠지만, 길이는 1cm가 넘었고, 몸통 넓이는 1cm 정도의 딱정벌레와 비슷했다.

벌레로 귀를 막았던 것을 빼내니 귀가 뻥 뚫렸다. 의사 선생님께 감사드리며 약국에서 약을 사서 집으로 돌아왔다. 아프지 않으니 발걸음이 가벼웠다.

남편의 귀농 생활이 보람은 있지만, 나이가 들수록 힘든 일도 많아 모른 척할 수 없다. 몸이 따라가 주지 않으니 농장을 정리할 구체적인 방법을 생각할 때가 되었다.

2023. 7. 5.

젊은 날의 자화상

선배 교장 선생님께 장문의 글이 왔다.

"진작 작가 되었으면 성공하였을 것을…."

잠이 오지 않아 뒤척이다 나를 되돌아보았다.

강북에서 아이들 넷을 키우기 위해 강남으로 이사를 하였다. 나는 강북 B급지의 학교에서 강남 A급지 학교로 발령받았다.

큰딸은 가까운 중학교로 전학시켰다. 두 딸은 내가 다니는 학교로 전학시켜, 데리고 집 앞 학교로 다녔다. 아들은 3살이어서 친척 할머니의 도움을 받고 있었다,

강북 우이동 산골짜기에서 가재 잡고 물장구치며 놀던 아이들이 강남으로 오니, 타 아동들에 비하여 성적이 많이 뒤지는 걸 알았다. 방과 후면 자연과 함께 놀던 자연인과 같은 딸들을, 오후에는 학원으로, 학원으로 돌리기

시작했다. 나의 강남 학교생활이 4년이 되니, 강북의 B급 학교로 발령받았다.

강남에서 4년 근무하면 무조건 강북으로 발령을 받는 게 교육계의 인사 이동법으로 정해졌다. 주소지가 강남이면 처음 4년은 강남으로 인사 발령을 내지만, 그 뒤에는 강북 2학교를 거쳐야 다시 강남에 들어올 수 있다.(지금은 한 학교 5년)

나는 발령을 받고 가던 날, 생전 처음 가는 길에 택시 미터기는 째깍째깍 돌아가고, 밖을 내다보니 돌산만 보였다. 나는 눈물이 나기 시작했다. '이런 먼 길을 어떻게 다니지? 학교를 그만두어야겠다.' 이런 생각이 머리에 꽉 찼고, '그만두면 연금은 어쩌나?' 생각해 보니 20년에서 1개월이 부족했다.(20년이 되어야 연금이 나온다.)

도착한 곳은 동부 간선도로에서 골목으로 들어간 중랑구의 S 학교. 먼지바람이 풀풀 날리는 커다란 운동장이었다.

집에서 이곳까지는 버스도 없고, 지하철 7호선은 땅을 파기 시작했다. 집에 가는 것도 문제였다. 택시로 출퇴근은 월급을 다 준다 해도 모자란다. '어떻게든 1개월만 채우자' 생각했다.

교장실에 들어갔다. 장학사 출신의 여교장은 젊었지만 근엄한 모습을 띠고 있었다. 발령장을 내밀며 인사를 했다. 나와 같이 전근한 몇 교사와 인사를 나눈 뒤 교무실에 가서 전 직원들 앞에 인사 소개를 한 뒤 1학년 담임을 배정받았다. 초임 교사한테는 학년 희망 사항을 묻지도 않고 배정한다. 교사들은 1학년과

6학년은 기피 학년이다. 1학년은 학교생활의 시작과 각 가정에서 길들인 인성 교육의 시작인지라 입이 닳도록 반복, 반복시키며 지도하는 게 버거움을 느낀다. 6학년은 사춘기의 시작이라, 교사들은 힘들어한다.

학교에서는 학년 배정을 돌려가면서 하지만 초임 교사에게는 해당이 안 된다.(그 예외도 있다. '아기들 가르치는 것보다 말귀 알아듣는 고학년이 더 낫다'는 교사도 있다.)

'죽으라는 법은 없다' 한 말이 맞는 말처럼, 그곳에서 우리집 길 건너편에 사시는 분을 만났다. 전임 학교도 나의 옆 학교였다.

"운전하고 다니나요? 이곳은 차 없이는 다닐 수 없는 곳이니 내 차를 이용해서 다녀요."

그 와중에 아들이 내가 떠난 학교를 입학하게 되었다. 방과 후에 자전거를 타다 사고를 내서 피를 흘리는 아이를 경비원 아저씨가 집에 데리고 왔다. 피 흘리는 모습을 보고 친정어머니가 쇼크로 쓰러지셨다. '옆의 아파트에 사시던 어머니는 어느 손주도 봐주시지 않았는데, 일이 생기면 친정 형제들의 원망을 어떻게 들을까' 하는 생각이 들었다. 친정어머니를 못 오시게 하고 아이를 데리고 선배 차에 태워 데리고 다녔다.

넷째 아이는 데리고 다녔지만, 남은 아이들은 내 손길이 멀어져가니 집안이고, 뭐고 아이들이 엉망이었다. 내가 왕복 3시간을 허비하며 다니면서 지쳐 아이들을 돌보지 못하는 사이에 학원 가기 싫으면 안 가는 아이가 나왔다. 나는 당장 직장을 그만둘

수가 없었다. 아이들 교육비 충당을 위해선 무엇인가 해야 했다. 교육비 대기도 점차 힘이 버겁고, '어떤 결정을 내려야 되겠다' 마음먹었다.

시고모가 H 자동차 부품 대리점을 하시다 공업사까지 번창하는 모습을 지켜보았다. 남편과 연애할 때 시고모님을 방문했을 때 대리점 한 귀퉁이 방 한 칸에서 기거하고 있었다. 살림살이가 변변하지 못해 첫인사 온 조카며느리 될 사람에게 콜라를 스테인리스 밥공기에 따라 주었다.

그런 시고모가 크게 성공하여 강남에 커다란 공업사와 여러 개의 부품대리점을 갖고 있었다.

나도 그 계통에서 일하고 있는 시동생과 자동차 부품대리점을 차리려고 마음을 먹고 4월부터 시작했다. 모든 돈은 내가 내고, 사는 집까지 자동차 회사에 담보로 잡혔다. 내가 사장이고, 시동생은 영업부장이란 직함을 가지고 동업을 시작했다.

나는 교장실에 사표를 써 들고 들어갔다.

"교장 선생님, 학교를 그만두려고 합니다."

"이게 무슨 말씀이에요. 아무리 해도, 학년말도 아니고, 학교를 그만두는 경우가 어디 있어요. 그리고 맡은 아이들은 어쩌라고 그럽니까. 선생님도 아이를 키우는 엄마잖아요. 첫 학교 경험을 한참 하는 아이들의 상처는 어찌할 건데요. 이건 교직자로서는 있을 수 없습니다."

"사표를 못 받는 대신, 수업이 끝나면 퇴근하여 사업장에 가도록 해 드릴게요."

"시간은 누구나 공평하게 지나가지만, 내가 시간을 어떻게 유용하느냐에 따라 먼 훗날 남는 것이 많아요."

학교생활을 20년 해 본 나로서는 교장 선생님의 제안은 있을 수 없는 일이었다. 방과 후는 교사의 휴식 시간이 아니다. 동학년 교사와 교육과정 회의와 지도 내용을 토론하며, 자료 제작 내지 지도안을 만들어 연구부장, 교감, 교장에게 보고하고, 지도안을 결재받은 후 각 교실에서 수업이 진행된다. 내가 빠짐으로 인해 아이들 교육을 어떻게 할 것이며, 동학년 교사에게 피해가 말할 수 없이 많아서 수업이 끝나도 나갈 수 없다.

몇 개월은 부품대리점을 시동생에게 맡기고, 나는 오후에 퇴근해서 사업장에 가서 근무했다. 자동차 부품은 뒤범퍼, 앞범퍼란 이름으로 불리는 게 아니라, 차 기종마다 만여 개가 넘는 종류의 부품이 고유번호로 불리는 것이었다, 내가 대리점 문을 닫고 들어가면 아이들은 씻지도 않은 채 나뒹굴며 자고 있었다.

집 안에 빨래며 음식물, 빈 도시락 등이 난장판이었다. 치우고, 빨고, 내일 도시락 반찬 준비로 새벽이 돌아온다. 학교생활은 퇴근 시간이나 있지, 사업은 퇴근 시간이 없다.

사고 차가 들어오면 그 부품을 즉시 보내줘야 하고, 물건의 종류는 많지도 않고, 없는 것은 각 대리점에서 물색하여 보충하는 일로, 낮 밤도 없다. 나는 명색이 '사장'인데 나에겐 무조건 "아줌마! X번 부속 빨리 보내요. 진작 말했는데 왜 안 오는 거예요?" 소리를 지른다.

학교에선 '선생님' 소리는 들었는데, 무조건 '아줌마'라 소리 지르니…. 내 꼴도 우습고, 아이들은 더 관리 안 되어 엉망이 되고, 돈은 계속 들어가고, 더 넣을 돈도 없고, 난감하기만 하였다.

여름방학이 돌아와 사업장에 몰두하여 보니, 집 담보만큼 부품을 회사에서 외상으로 받으면, 3개월 후면 그 돈을 갚아야 했다. 사업은 냉혹했다. 못 갚으면 집에 경매가 들어오는 것이다. 물건이 3억 원이 들어가면 3개월에 모두 팔리는 게 아니다. 회수되는 돈은 적고 물건으로 남는 것이라 3억 규모의 사업장이면, 10억은 들고 있어야 가능한 사업이었다. 나는 점점 감당하기가 힘들었다.

돈이 벌리는 게 아니고, 아이들은 더 방치하게 되고, 이러다간 아이들 교육이고 뭐고 집까지 날려서 아이들을 데리고, 오고 갈 곳이 없게 될 것이란 공포감이 들었다.

고심 끝에 시동생을 불러 말했다.

"나는 여기서 손을 뗄 테니 삼촌이 맡아서 해요. 그 대신 내가 들인 현금은 돈을 벌어서 갚고, 집 담보는 삼촌이 돈을 벌어 집 살 때까지 기다려 줄게요."

아이들 학원비가 부족하면 삼촌한테 말해서, 원금을 7년 가까이 몇 푼씩 받아 썼다.

나는 학교를 떠나지 않는다면 교사만 할 것이 아니라 부장, 교감, 교장으로 승진하는 생활을 하고자 학교생활을 열심히 하였다.

교장 선생님은 서울교대 4학년 교생실습 학교로 지정받아 나를 지도교사로 맡겨, 다른 맘을 먹지 못하게 하셨다. 나는 힘들 때마다 "시간은 누구나 공평하게 지나가지만, 내가 시간을 어떻게 유용하느냐에 따라 먼 훗날 남는 것이 많다." 하신 말씀을 떠올리며, 인생을 살아가는데 지표로 삼고, 학교생활을 했다.

내가 힘들어하는 모습이 보이면, "그때 사업을 한다 할 때, 놓아둘 걸…." 나의 수필집을 보시곤, "진작 작가의 길을 걸었으면 성공했을 거야." 하시며 지금도 격려와 칭찬으로 힘을 주시는 분. 내 인생의 커다란 발자국을 찍게 해 주신 분이다. 내 인생의 굽이굽이 마다 이끌어 주신 교장 선생님, 사느라고 잊고 산 것이 너무 죄송스러운 마음뿐이다. 젊은 날의 열정을 손수 보여주시던 선배님의 손짓이, 눈발 휘날리는 비탈길이라도 내가 따라갈 수 있도록, 늙지 말고 앞장서서 걸어가시길 간절히 기도합니다.

2022. 1. 25.

꿈속의 길

꿈속에서 엄마와 함께 신작로를 걸었다.

잠을 깨니 엄마와 헤어짐이 아쉬움으로 변했다. 잠자리에 누운 채 여러 종류의 길을 생각하여 본다.

길에는 아주 작은 모퉁이 길도 있고, 바람을 맞으며 걷던 둑방 길도 있다. 논두렁, 밭두렁을 가로지르던 흙길이 떠오른다. 어릴 때 추억과 함께 걷던 그 길이 행복과 함께 떠오른다. 이런 길들은 꿈속에서 보이나, 지금은 온데간데없이 사라졌다. 사람에 따라 먼저 만들어 놓은 길을 따라가기도 하고, 자신이 길을 만들면서 걸어가기도 한다. 흙길을 걷노라면 발밑의 작은 풀꽃도 나와 함께 따라 걸었고, 싫증나면 풀숲에 '털썩' 주저앉아 꽃을 따며 놀았던 좁은 오솔길이 생각난다.

기후에 따라 빗길과 눈길이 있고, 형태에 따라 많은 종류의 길도 있다. 이렇듯 많은 사람이 역사의 길을 만들어 간다. 오르면 미끄러지고, 또 오르면 미끄러지는 고행길이라고 생각한다. 많은 길이 힘들더라도 잘 참고 견디며 오르다 보면 쉬운 내리막길도 있다. 누구나 걷는 길이지만, 길 중에 일방통행만 가능한 길도 있다. 평지 길만 걷는 인생은 더 지루한 걸음으로 싫증 나는 길을 걷는다. 어떤 길은 구불구불한 길, 고개를 오르막 내리막 하며 걷는 산길 등이 있다. 여러 길을 모방하여 나라 곳곳에 둘레길을 만들어 여러 사람이 건강한 걸음을 걷도록 만들어 놓았다. 또 자동차가 다닐 수 있도록 시멘트로 포장하여, 삭막한 삶을 사는데 빠르고 편리하게 이용한다. 먼 길을 이동하면서 시원스럽게 달릴 수 있게 인위적으로 만든 고속도로도 있다.

인생의 길에는 험한 오르막, 내리막길이 있다. 누구나 함께 걸을 수 없는 길도 있다. 인생의 길을 시간의 흐름과 함께 걷고 있다. 우리가 한 번 일방통행으로 간 길을 다시 돌아올 수 없는 길도 있다. 물이 한 번 흐르면 다시 되돌릴 수 없듯이 우리의 인생도 물과 같이 한 번 흘러간 길은 되돌려 흐르지 않는다. 오늘 처음 걷는 험한 산길을 울창한 수풀과 가시덤불을 헤치며 길을 만들며, 한 걸음 한 걸음 내딛는 걸음의 시작 길이요, 마지막 걸음의 길이다. 어떤 상황에 부딪힐 때마다 단 한 번뿐인 새길이다. 단 한 번의 기회라고 생각하며, 혼신의 힘을 기울여 새길을 걷는 데 총력을 다한다. 하루하루 한 걸음 한 걸음이 후회가 없도록 최선을 다하는 삶으로, 일방통행의 편도를 걷는다.

길은 누구나, 어떻게 걷든지 시간의 흐름에 따라 걷고 있다. 부모님이 앞서간 길을 다시 못 오듯이, 나 또한 이 길을 앞으로, 앞으로 걸어가고 있다. 길이 없는 숲길을 헤쳐 나가며, 오늘도 나의 길을 만들면서 뚜벅뚜벅 후회 없는 인생의 길을 걷고 있다. 내가 먼저 만들어 가는 이 길이 후대가 편하게 걷는 길이 된다면 좋겠다.

『문학의강』 2023. 여름호.

학교 교실의 현장

1970년 22살의 어린 나이에 처음 교직에 발을 들여놓은 해이다. 교육도 모르고 오직 열정과 젊은 혈기만 남아 있을 뿐이었다. 수업이 끝난 오후 교실에서 환경정리를 위해 아동들의 미술 작품을 뒤 칠판에 붙이고 있는데 할머니 한 분이 들어오셨다.

“선생님 OO의 할머니인데 제 엄마가 직장을 다니고 있어, 손주는 내가 보살피고 있어요. 내가 지도를 못하니 때려서라도 잘 좀 가르쳐 주세요.” 하며, 머리를 조아리며 부탁하고 가셨다.

그때는 학교 대항 성적 평가가 있어서, 내 자취방에 6명씩 그룹을 지어 잠을 같이 자면서 공부를 가르치곤 했다. 성적이 낮은 아이들은 몇 밤을 데리고 기초부터 다시 밟으며 합숙시켰다. 성적이 좀 나은 그룹은 교육과정을 훑어가는 식으로 공부시켰다.

그해 겨울, 군 대항 학력평가에서 우수한 성적을 얻어서 학부모도, 학교도 모두 기뻐했다.

그때는 교실에 아동이 60명이 넘었다. 학년별로 두 학급의 작은 학교였다. 1학년을 담임하던 때이다. 동 학년 선생님이 출산해서 21일간 합반을 했는데 그때 120명이 한 교실에서 공부했다. 책상을 교실 전체에 놓고 아이들은 책상 위를 기어서 화장실에 다녔다. 아동들의 숙제 검사는 복도에서 했다.

그때의 아동들은 질서를 잘 지켰고, 약속도 잘 지켰다.

1990년대 2000년대로 오면서 나라의 경제는 좋아졌지만, 아동들의 생활은 거칠어졌다. 다른 사람을 배려하는 마음이 점점 줄어들고 남을 괴롭히는 행위가 점점 커졌다. 교사는 수업 중 "남에게 피해 주는 행위를 하지 마라"라고 수시로 말하곤 했다.

복도를 달리는 것은 물론, 서로 뛰다 부딪치는 행동을 거침없이 한다. 수업 중 돌아다니며 남을 괴롭히고 교사의 제지도 듣지 않는다.

복지가 좋아져 집 도시락 대신 학교에서 급식 제공을 한다. 식사 중에도 너무 떠들어 교사의 식사 지도 및 편식 지도도 따르지 않는다. 그러다 보면 교사의 밥은 항상 찬밥이 된다. 아동의 식사비는 복지 차원에서 국가에서 지원되지만, 교사의 밥값은 교사 개인이 낸다.

교사가 아무리 힘겹게 지도하지만 아동들은 교사의 지도를 거부하고 있다.

우리나라의 교사는 매우 우수한 자들만 될 수 있다. 교육대학에 들어갈 수 있는 사람은 전국 일 등급의 수능 실력자만 가능하다. 그곳을 졸업한다 해도 국가 임용고시에 합격해야 한다. 그들이 학교 현장에 나오면, 교실에서의 아동뿐만 아니라 학부모에 환멸을 느끼게 된다.

학부모가 툭하면 교육청과 학교장에 투서한다. 교사가 자신의 아이를 '인격적으로 무시했다'는 등, '옆 짝이 맘에 안 든다'는 등, '괴롭힘을 당했다'는 등, '키 큰 아동 때문에 앞이 잘 안 보인다'는 등, 어떤 부형은 자기 자식이 너무 작다고 앞에만 앉혀 주어 '자기 아이가 자존심이 상했다'는 등, 이런 것들이 '아동 학대'라고 주장한다.

'학생 인권에 반하는 행위를 교사가 했다'는 등, 심지어 어느 부형은 자기 자식의 '담임을 O 선생을 달라'는 등, 아주 어이없는 현실에 교사의 사기는 땅에 떨어진 지 오래되었다.

교사는 '긍지와 자존심을 먹고 산다.' 오늘날의 현실은 교사들을 처참하게 만들고 있다.

'교육은 100년을 보고 교육한다' 했다. 사람 한 사람을 훌륭하게 키워내려면 '긴 세월을 공들여야 바르게 키울 수 있다'는 것이다.

내가 중국의 학교 현장 견학을 갈 기회가 있었다. 그때의 중국 학생들은 흩어짐 없이 수업에 임하고 있었으며, 2시간 끝나고 20분 전체 운동시간에 천여 명의 전교 학생이 질서 정연하게 운동장에 모여 음악에 맞추어 율동하며 체조했다. 체조가 끝나자 질서 정연하게 줄을 맞추어 교실에 입실하는 것을 보았다. 우리나라의 80~90년대의 모습이었다. 교실의 아동도 60여 명이 넘었고 책상도 체형에 맞지 않는 열악한 책걸상이었다. 아동들을 볼 때 이들이 앞으로 자신의 국가를 위해서 무엇인가를 해낼 것이라, 예측이 들었다.

또 미국의 공립학교와 사립학교를 방문했을 때 나의 느낌은, 학생들이 자유분방한 가운데 질서와 규칙이 있는 곳이었다. 수업 방법은, 담임이 내준 과정을 코너마다 다니면서 몇몇 그룹이 조사 해결하고 있었다. 자기들의 과정을 책임을 다하는 모습은 대국의 교육에서 볼 수 있었다.

그중에서 질서 없는 행위를 하면 담임은 '처벌의 방'에 넣어서 벌을 주고 있었다. 방문객이 왔어도 당당하게 벌을 주고 있었다. 아동으로 하여금 책임 짓는 시민을 만들어 내는 과정이라 볼 수 있었다. 마침 식사 시간이 시작되어 식사하는 모습을 보니. 뷔페식이었다. 자신이 먹을 만큼 가져가서 다 먹은 뒤 식판을 가져다 놓았다. 교사도 옆에서 식사하고 있었다. 교실의 환경은 세계지도를 펼쳐 놓은 것이 사립학교나. 공립학교나 바닥에 전도로 펼쳐져 아이들이 밟고 다니고 있었다. '세계의 모든 땅의 주인이 되겠다'는 느낌이 들어 섬찟했다.

우리의 식사 시간은 아이들이 떠들고 장난을 쳐서 교사가 '조용히 식사하자'란 말을 수시로 하는데 그 모습이 부러웠다.

교사가 잘못을 꾸짖지 못하는 우리 교육 현장은, 아동 인권의 저해인가. 정서적 학대인가. 수업을 엉망으로 만들어 놓는 학생을 그냥 내버려 두면, 교실 안 전체가 아수라장이 된다.

내가 아는 후배 교장은 학폭이 일어나, 일 년 내내 괴롭힘을 당했다. 4학년 학생이 강남으로 이사 왔는데, 그곳 '아이들이 괴롭혔다'고, 일 년간 교육청에 투서하여 교감을 괴롭혔다.(학교의 폭력 담당은 교감.) 교감이 폭력 담당이라 해도 학교장 책임이다. 교감이 툭하면 교육청에 불려 다니며(능력 없어, 학폭 해결 못 한다), 지탄받는데, 교장 마음은 좋겠는가. 그해 겨울 평생 교직 생활 1년을 남기고 교장을 퇴직했다. 또 다른 후배 학교는 법조인이 많이 사는 근처 학교였다. 학폭이 생기면, 학교는 제쳐놓고 양쪽 변호사가 덤비는데, 새끼 변호사까지 '한 편에 몇 명의 변호사가 붙어서 싸운다' 했다. 그 교장은 자기들끼리 싸우니 차라리 낫다고 말한다.

오늘날 우리나라의 이런 환경에서 어느 교사가 자긍심을 갖고 교육에 임하겠는가. 학부모들의 등쌀에, 마음이 약하고 어린 교사가 버틸 수 있을까. 백년대계를 내다보며 교육이 이뤄질까. 교직에 평생 몸을 담고 살아온 나는, 오늘날의 교실 현장을 생각하며, 나라 걱정에 밤잠을 설치게 된다.

2023. 8. 1.

꽃비가 눈물과 함께 흐른다

“그만 울어! 네가 먼저 죽겠다.”

“숨이 막히고 가슴이 저려와서 정신이 혼미하면서 왼쪽 몸이 마비되고 있어.”

“엄마가 정신줄 놓으면, 네 딸은 어떻게 하라고.”

20여 년 전에 내가 가장 부러워했던 후배였다. 자녀를 너무 잘 키워 남부럽지 않던 후배였다. 아들은 의대로, 딸은 L대에 입학한 후 음식점에서 한턱을 냈다.

아들은 군의관으로 있을 때 6권의 장편 소설을 인터넷에 써서, 어느 독자가 책으로 출판을 주는 등 문학적 소질도 있었다. 10여 년 전에 아들은 여의사와 결혼도 하였다.

후배의 남편은 D 제철소의 부사장으로 재임하다 정년 퇴임했다. 그의 실력은 4개국 언어가 능통하여 수출 전선에서 커다란 업적을 남기었다. 퇴임 후 남편은 치매가 서서히 오더니 생활도 힘들었다. 지금은 요양원에 있다. 코로나 시대에 면회가 되지 않아 안타까워했다. 어쩌다 힘들게 면회가 되면 부인도 못 알아보니 그 아픔은 더욱 커 슬퍼하고 있다.

딸은 Y대학원 로스쿨에 입학한 해에 뇌종암이 발견되어 10여 년째 투병 생활을 하고 있다. 몇 번의 재발로 수술과 항암 치료를 병행한 채 생명의 끈을 이어가고 있다. 투병 생활 중에도 '공부가 너무 하고 싶다' 하여, L대 서양미술대학원을 다니며 석사 학위를 취득했다.

다시 뇌종암이 척추로 내려와 걷는 것도 힘들어 바깥출입을 못 해 집안에서도 워크카를 밀고 조심조심 걷고 있다. 병원에서는 삶의 끈을 6개월로 보고 있다.

그런데 딸은 자기가 기다리는 박사가 미국에서 돌아오면, 9월 학기에 박사 학위를 시작하겠노라고 말한다. 그렇다고 '네 목숨이 몇 달 남지 않았다'고 말할 수는 없었다. 후배는 6개월이 3개월밖에 남지 않았는데, 딸은 계속 공부하겠다고 고집부린다며 나를 잡고 '꺼억꺼억' 울었다.

병원에서는 다시 MRI 사진을 찍어보더니 '급속도로 암이 퍼지고 있다' 했다. 그 와중에도 머리에 주사기를 꽂은 상태에서 신춘문예에 공모까지 하는 등 삶에 대한 애착과 학문의 탐구력이 더 강하여 옆에서 보기에도 안타깝다.

그 모습을 간호하며 지켜보는 후배는 딸이 점점 나빠지는 모습을 보며, 몸에 마비를 일으키며 쓰러지곤 했다.

급하게 연락받고 병원으로 가 보니 '부동맥 쇼크에 의해 막히는 현상'이라 '빨리 시술하지 않으면 엄마도 위험하다' 했다.

딸도 급히 항암 치료해서 암이 더 퍼지는 것을 막지 않으면, 더 걷지도 못하고, '심한 고통이 바로 온다' 했다.

후배는 '딸 먼저 입원시켜 지금 이 상태라도 유지하게 한 후, 자기가 시술받겠다' 의사에게 사정한다.

후배는 자신도 언제 죽을지 모르는데 자식과 남편을 위하여 '시술하는 날짜를 뒤로 미루어 달라'고 의사한테 사정하는 모습을 보고, 나도 한없이 눈물이 났다.

참으로 아름답고 화창한 봄날! 나는 병원에서 돌아오는 길에 공원 호숫가 벤치에 앉았다. 금년 봄은 모든 꽃이 한꺼번에 쏟아지듯 피어 제 모습을 앞다투어 뽐내고 있었다. 바람에 흩날리는 꽃잎을 바라보니, 후배의 눈에 꽃잎과 눈물이 꽃비 되어 흐르는 모습이 보였다. 먼저 핀 꽃은 꽃비가 되어 후배의 눈물과 함께 뒤섞여 흐르고 있었다.

"그만 울어! 네가 먼저 죽으면 딸은 어떡해!"

가슴이 먹먹해지며 슬픔이 호수의 사나운 너울처럼 밀려서 왔다.

모든 생명체는 탄생의 시작과 끝맺음이 있지만, 그것을 안타까워하는 후배에게 아무런 위로의 말도 못 해 준 채 옆에서 지켜보고만 있었다.

2022. 7. 12.

내가 좋아하는 낱말

간단하고, 성의 없어 보이지도 않고, 많은 의미를 내포하고 있으면서, 간단하게 답할 수 있는 낱말, 더 이상의 변화 없이 나에게 질문을 한다면, 나는 '그냥' 해 한다.

'그냥'이란 말이 내가 가장 좋아하는 낱말이다.

친구가 '뭐 하고 지내니' 하면 '그냥' 지내고 있어.

남편이 '시골에서 무엇을 가져갈까' 하면 '그냥' 와.(무거운 배낭을 지고 오는 게 안타깝다.)

며느리가 '어머니, 아기가 아픈 것 같지 않은데 계속 울어요.' '울게 그냥 놓아두고 지켜보렴.'(관찰하면서 지켜보면 처방 방법이 나온다는 뜻.)

'그냥저냥'(그럭저럭의 의미로 사용된다.)

'그냥'(19세기~현재)은 현대 국어 문헌에서부터 '그냥'으로 나타나 현재까지 그대로 이어진다.

'그냥'은 일반적으로 '아무 일 없이' '특별한 이유 없이' '간단하게'라는 뜻이 있다. 예를 들어 '그냥 집에 가자' 간단히 집에 들어가자는 뜻을 의미한다.

예를 들어보자.

곪은 염통이 그냥 나을까?(이미 곪은 염통은 그냥 나을 수 없고, 터지고야 만다는 뜻으로 잘못된 일은 아무리 감싸도 드러난다.)

참새가 방앗간을 '그냥' 지나랴.(사람이 자기가 좋아하는 것을 그냥 지나치지 못함을 이르는 말.)

'그냥' 마.(할 수 없으니까라는 말이다.)

'그냥' 보고만 있다.(그냥 보고만 있음은 좌시(坐視)의 의미다. 이와 비슷한 낱말로는 '보고만 있음'도 있다.)

'그냥' 사랑하는 사이.(아무 조건도 없이 서로의 상처를 보듬어 가는 사랑의 의미도 있다.)

설탕을 넣지 않고 '그냥' 먹다.(건강을 생각하며 설탕을 먹지 않는다.)

가게에 들어갔다 '그냥' 나왔다.(가게의 지출을 걱정하는 의도도 있고, 적당히 살만한 게 없다는 의미도 있다.)

하루 종일 '그냥' 울고만, 있으면 어떻게 하니.(상대의 건강을 걱정해주는 의미가 있다.)

국이나 밥을 국물 없이 '그냥' 먹었다.(가난이 엿보이고, 또는 마음이 급한 것이 보인다.)

'그냥'이란 낱말은 일상적으로 표현하면서 일반적으로 '아무 일 없이' '특별한 이유 없이' '간단하게'의 뜻을 가지고 있으면서, 여러 가지의 뜻과 의미를 상황에 따라 내포되기도 한다.

나는 오늘도 '그냥' 창밖을 쳐다보다, 컴퓨터 자판을 두드리며 생각에 젖곤 한다.

그냥

딸에게 전화가 왔다
"잘 있었니, 전화 왜 했니"
"그냥 전화해 보았어"

무슨 일일까
아이들한테 문제가 생겼나
사위 사업에 문제가 생겼나

그냥이란 말에 많은 의문의 꼬리를 문다
자식 많은 엄마의 걱정이겠지
엄마 목소리를 그냥 듣고 싶었을 거야

2023. 7. 4.

메리골드 차를 마시며

계절의 변화는, 바람 소리, 바람결 속에 스며오는 쓸쓸함에 옷깃을 여미게 한다. 스산하고 쓸쓸한 마음이 들 때는 따뜻한 차 한 잔이 생각이 난다.

우연히 TV에서 메리골드 차에 대한 효능을 안과 의사가 말하는 것을 보았다.

메리골드꽃은 루테니아가 풍부하게 함유되어 있어 백내장, 황반변성 등 안구질환 예방에 좋다. 또 황산화 성분인 카로티노이드 성분이 함유되어 있어 혈성 산소를 제거하는 데 도움이 될 수 있다. 담즙의 분비를 촉진 시켜주는 성분이 풍부해 소화를 돕고 위염, 위궤양 등에 좋다 한다.

'시골집 꽃밭에는 이 꽃이 지천인데 차를 만들어 보자.' 이 꽃의 우리말로는 금잔화, 천수국, 만수국이라 불리며, 꽃말로는 '반드시 오고야 말 행복'이라 한다.

인터넷을 검색하며 꽃차 만드는 방법을 배웠다.

갓 피어올라 오는 꽃을 땄다. 한 바구니 가득 따서 물로 여러 번 깨끗이 씻은 다음 물기를 뺐다. 물기 뺀 메리골드는 식용 건조기에 담고 70도에 9시간을 건조하면서 쪄지도록 온도를 올렸다.

9시간을 넘기고 건조기의 서랍을 열어보니 맨 첫째 서랍은 100% 건조되었고, 두 번째 서랍은 약 90% 건조되었고, 세 번째 서랍은 80% 정도 건조되었다. 이것들을 모두 합하여 커다란 프라이팬에 넣고, 작은 불씨에 놓고 살살 뒤집으면서 덖었다. 꽃잎이 '바스락' 거리는 느낌이 들었다. 덖은 메리골드는 채반에 담아 햇볕이 따뜻한 양지바른 곳에서 다시 한번 말렸다.

채반의 꽃차는 주황색의 꽃잎으로 변해 있었다.

메리골드 꽃차를 여러 병에 나누어 담아 빛이 없는 저온 창고에 넣는 것으로 꽃차 만들기는 끝이 났다.

나는 스산한 바람이 쓸쓸하게 불어도 내가 만든 꽃차의 향긋한 허브향이 좋은 꽃차를 마신다. 정원의 여러 꽃을 쳐다보며, 수색이 노란 차를 마시노라면 꽃차 만들 때의 수고로움도 사라지고, 뿌듯한 마음이 들어 행복을 느낀다.

꽃말처럼 '반드시 오고야 말 행복'이 오는 것이 사실인 것처럼 생각하며 차를 마신다.

2021. 10. 26.

기쁨을 준 노래방

망년회 때 문우들과 식사를 한 후 노래방에 갔다.

'노래방에 간다' 해서 갈까 말까 망설였다. 갑상선에 여러 개의 혹이 생긴 후 고음이 잘 올라가지 않는다. 이야기를 많이 하면 목이 아프기도 하다. 그래서 노래방에 못 간 것이 십오 년은 넘은 듯하다.

노래는 못할망정 분위기라도 맞춰야 할 듯해서 따라나섰다.

옛날에는 나름대로 노래를 즐겼고, 중학교 때 마을 콩쿠르 대회가 열릴 때 오빠의 오르간 반주에 맞추어 노래를 불러서 2등을 했었다. 성인이 되어 그 자신감에 퇴근길에 하이마트 오픈 축하 노래대회에서 3등 하여 가스레인지를 상품으로 타서 오랜 기간 주방에서 썼던 기억도 난다.

노래를 즐겼고, 혼자서도 흥얼흥얼 노래를 잘했는데, 갑상선에 혹이 4개나 생겼다는 이유로 노래하곤 담을 쌓고 살아온 지, 오래되었다.

'돌아가면서 한 곡조는 불러야 된다'고 규칙을 정했다. 마음속으로 '오지 말걸' 하며 후회하고 있었는데, 내 차례가 돌아왔다. 나는 할 수 없이 '박난희의 찔레꽃'을 화면 자막의 가사를 보면서 불렀다. 그 결과 100점의 '팡파르'가 울렸다. 너무 기뻤다. 진행자의 농간이라 해도 즐거웠고, 나를 찾는 듯해서 즐거웠다. 100점을 맞은 사람이 일만 원을 내놓는 규칙이 있었다. '나는 돈 내는 거랑 나와 상관없다' 생각했다. 내가 100점 맞을 이유가 없었기 때문이다.

그런데 100점을 맞았다. 나는 돈을 내놓아도 기뻤다.

집으로 돌아오는 길에도 즐거움으로 절로 흥얼흥얼 노래가 나와 참느라 애썼다.

이상한 것은 며칠을 내 목의 상태를 관찰했는데 더 이상 아프거나, 이상하지 않았다. '엔도르핀이 많이 나와서일까.' 나도 모르게 즐거워서 '히죽히죽' 웃게 된다.

사람은 즐거운 일을 하면 기쁨으로 인해 건강에 많은 도움을 준다는 것을 실감하게 되었다. 젊었을 때 가수의 길을 갔다면 어땠을까. 가곡이 좋았을까, 트로트가 좋았을까 하는 허황된 생각을 해 보기도 했다.

지금 나의 제2의 목표는 수필을 잘 보기로 생각하고 이 책 저 책 읽으며, 수필 쓰기 습작 중이다. 노래방에서 100점 한 번 맞았다고, '웃겨도 너무 웃긴다'

나 스스로 질책하지만, 그래도 재미는 있었고 기뻤다.

사람도 만나면 편하고 자꾸 보고 싶은 사람이 있듯이, 어떤 일을 할 때도 내게 있어 가치 추구만 하면 안 되고, '남에게 피해만 주지 않는다면 즐겁게 좋은 일을 해야겠다'는 생각이 든다.

인생을 재미있게 사는 일이 무엇이 있을까? 궁리하면서 '내가 즐겁게 할 수 있는 일을 찾아서 해야겠다'는 생각도 해 본다.

늙어가는 청춘이여, 즐겁게 살자!

2019. 1. 8.

아픈 손가락과 이별

2018년 12월 28일 밤에 올케한테서 한 통의 카톡이 왔다.

동생이 '호흡이 이상해서 중환자실 집중 치료실에 입원했다' 고….

'지금 바로 가겠다' 하니 급한 일이 생기면 전화할 테니 '지금 움직이지 말라'고 했다.

병원을 자주 드나든 동생이라 내일 아침에 가겠다고 답을 했다. 저녁 내내 카톡이나, 전화가 올 것 같아 기다렸지만, 연락이 없어 안도의 숨을 쉬었다. 다음 날 아침 일찍 병원으로 달려갔다.

동생은 응급실 중환자실에 장작같이 마른 몸으로 누워 있었고, 올케는 혼자 대기실 앞에서 웅크리고 앉아 있었다.

절망 속에 있는 이에게 무엇을 할 수 있단 말인가. 결국 너와 내가 모두 다를 바 없는 환자인데, 모두 같은 곳에 던져진 사람들인데…. 커튼이 드리운 진료실 창틈을 비집고 햇살이 낭자하게 흘러들어 오고 있었다.

특정한 시대에 특정한 부모에게 특정한 신체적 조건을 가지고 선택의 자유도 없이, 내 의지와 상관없이 태어났다. 아니 던져졌다고 하는 게 옳을 것이다. 무방비 상태에서 질병의 바다에 던져진 것이다. 병마에 시달리는 가혹한 운명에 처한다 해도 '사랑'이라는 것만으로 의지하고 가족관계를 유지하고 살아왔다.

신산스럽게 동생을 떠나보내는 마음은 어떤 말을 들어도, 가슴이 답답하기만 했다. 밀려오는 슬픔은 등덜미에 서늘한 얼음 조각들이 흐르고 있었다.

'잠시 왔다 가는 인생이 이렇게 힘들게 고생만 하고 가는구나!' 생각하니, 가슴에서 커다란 울분과 슬픔이 폭포처럼 쏟아지고 있었다. 어떤 사람은 '소풍 왔다 가는 길'이라 말을 하지만, 동생이 고행길만 걷고 가는 게 너무 불쌍하여 가슴이 먹먹했다. 어떤 어휘도 애달픈 나의 마음은 나와 상관없는 얘기일 뿐이다. 막둥이 남동생은 내게 아픈 손가락이었다.

정말 질병이란 것에 절대 자유로울 수 없는 상황이었다.

파울로 코엘료의 말처럼 가족들과 나는 어디쯤에서부터 만났고, 우주 안에서 영적 성장을 이룬 형제의 영혼들인가. 우리는 무한한 우주 속을 통과하는 기차 여행을 하고 있는 중이다. 가족이 살아가는 삶이 여러 개의 긴 기차를 이루는 모양이 다른 각각 객차들인가.

나에게 아직 마지막 작별은 오지 않고 그 머뭇거림이 영원할 것처럼 작별의 동작만을 되풀이할 뿐이다. 잠시라도 헤어지는 마음은 허무한데….

이젠 다시 만남을 기약하듯 이별했고, 다시 만날 수 있을 거라고 생각은 하지만, 싸늘한 손목을 오래오래 잡고 놓고 싶지 않았다.

어릴 때 내 등에 업고 양지바른 곳에 서서 햇볕을 쬐었는데, 먹구름 속으로 햇빛이 사라졌다.

먹구름이 덮이면서 암흑으로 변했다. 동생도 암흑 속으로 떠나가 버렸다.

정목스님(서산대사) 해탈시를 읊으며, 슬픔을 잠재운다.

만남의 기쁨이건 이별의 슬픔이건 다 한순간이라오
사랑이 아무리 깊어도 산들바람이고~

세상에 영원한 것은 없더이다

2019. 1. 15.

결혼의 추억은 기쁨인가, 아픔인가

내 나이 25세에 결혼을 했다. 남편은 11세에 엄마가 돌아가셨고 시아버지는 새 가정을 꾸려 남처럼 살고 있었다,

할머니 손에 자란 남편은 학교도 고아처럼 '고학'을 하며 다녔다. 그래서 항상 자기는 '고아'라고 말했지만, 결혼을 하고 보니 남편은 '고아'가 아니라 가난한 종갓집 장남이었다.

12월 23일에 결혼식을 올렸고, 24일에는 자기 동생 결혼식이라 신혼여행은 생각지도 못한 상황이었고, 그다음도 생각지도 못했다.

결혼식을 올리고 나니 시할머니가 계속 같이 살고 계셨고, 곧바로 초등학교 6학년을 졸업한 시동생이 서울로 유학을 왔다. 계모 시어머니가 낳은 아들이었다.

방 두 칸의 전세방에서의 내 삶은 말로 표현할 수 없는 고통이었다. 허물어져 가는 토담 전셋집의 밤에는 빈대 소굴이었으

며, 그 빈대는 밤에만 기어 나와서 돌도 지나지 않은 딸과 나를 물어뜯어 잠을 잘 수 없었다.

어느 날 딸을 벗겨 놓고 빈대 물린 자국을 세어보니 118군데나 물어뜯어 놓아서 아이를 내려다보며 숨죽이고 울었던 생각을 하면, 지금도 눈물이 난다.

남편은 술 한잔을 걸치고 늦게 들어와 코를 골며 잘도 잤고, 빈대는 딸과 나만 물어뜯어 피를 빨아먹곤 했었다.

그해 가을 우이동에 집 장사가 지어 놓은 자그마한 집을 은행에서 융자받고, 방 한 칸을 전세 놓고, 첫 집을 장만하였다.

내 집 장만의 기쁨에 동대문 포목 시장에 가서 커튼 감을 사다 창문마다 커튼을 만들어 달았다. 그 가을은 내 결혼생활 중 가장 행복한 순간이었다.

그 겨울은 얼마나 춥던지 잠을 이룰 수 없어 '오들오들' 떨다, 아침 일찍 버스를 왕복 6번 타고 맞벌이하려고 출근했다.

둘째 아이 임신을 해서 배는 불러오고, 추워서 잠은 못 자고 6번의 버스를 갈아타고 좌석 없는 8번 버스의 좁은 길의 흔들림은 예측 없는 '바이킹'이라 해도 과언이 아니다.

방바닥이 너무 차가워 기술자를 불러 물어보았다. 흙바닥 위에 시멘트로 방바닥을 만들어 놓아서, 구들장도, 고래도 없어 '불길이 돌 수 없어 춥다'고 했다.

밤이면 시멘트 바닥에서 잠을 잤으니 얼마나 추웠겠는가. 그 이후로 추운 게 너무 싫다.

난 남편에게 직장 옆에 '방 한 칸을 얻어 달라' 얘기했지만, 남편은 내 말을 묵살해 버렸다.

그 이듬해 2월 눈보라 치는 어느 날, 퇴근할 무렵(종례회)이었다.

"김○○ 선생님, 그 반 학생이 집을 못 찾아 ○○파출소에 있답니다."

나는 '학생을 찾아 집에 데려다주고 퇴근'하려고 학교를 빠져나왔다. 밖에 나와보니 눈보라가 쳐서 걷기가 힘들었다. 이사 간 그 학생의 집도 모르고, 나도 더 이상 걸을 수가 없었다. 학교로 전화해서 "학생의 집에서 아이를 찾는 전화가 오면, 내가 집으로 데리고 가서, 내일 같이 출근하겠다 전해주세요." 하고 숙직 교사에게 말했다.

파출소에서 학생을 찾아 데리고 배를 끌어안고 지친 몸으로 집에 갔다.

이튿날 학생을 학교에 데리고 갔고, 나는 분만 예정일 20일 남겨놓은 아기를 잃고 말았다.

계모 시어머니는 모든 제사를 나에게 보냈다. 맞벌이하는 며느리에게 1년에 열세 번 지내는 조상 제사를 보낸 것이다. "제사를 잘 지내면 복을 받는다"는 얘기를 하면서….

난 제사를 지내는 것을 유년 시절에도 본 일도 없고, 식도 모른다. 친정은 모두 기독교 신자였고, 아버지는 막내아들이었다.

필요한 음식 재료와 물건들을 시할머니, 남편이 사라는 것을 퇴근길에 사서 날랐는데 시장을 보는 것도 며칠 걸렸고, 사서 나르는데 얼마나 무겁고 팔이 아픈지 시장 보는 것도 지쳤다.

어느 달은 한 달에 두 번일 때가 있다. 지금은 물건 사기도 쉽지만, 옛날에는 재래시장밖에 없었고, 조리할 곳도 연탄불밖에 없었다.

지금도 아픈 기억은 제사를 다 지내고 연탄불을 갈면 더 이상의 음식을 할 수 없는데, 음식물이 식었다고 다시 '데워오라' 한다. 난 그 찌개 그릇을 받아 들고 부엌에 들어가면 데워 갈 수 있는 곳도 없었다. 솥뚜껑에 손을 대면, 쩍쩍 붙었던 부뚜막에 앉아 울던 생각이 난다.

그해 겨울은 어찌 그리 서럽고 춥던지.

나의 결혼의 추억은 기쁨인가? 아픔인가?

2018. 5. 1.

공고 - 공모(公募)에 당첨된 자 후사함

내 생일이 가까워졌을 때 가족 카톡에 '나의 호(號)를 공모한다'는 공고문(公告文)을 띄웠다. 뒤에 '채택된 호에 후사하겠다'는 글과 함께.

'나의 취향보다 주변에서 본 엄마의 모습과 특징이 잘 그려지면 더 좋겠다'라는 말을 덧붙여서.

오랫동안 내 옆에서 나의 모습을 많이 보고 겪은 남편과 네 자녀의 의견을 들으려고 내 생일을 기다렸다.

내 생일날 가족들이 자신들이 만든 호를 들고 모였다. '엄마와 똑같은 특징을 살려 며칠을 고심하여 지었다'고 셋째 딸이 포문을 열었다.

"엄마는 소처럼 일만 하고 살았고, 또 소띠기도 하잖아, 그러니 소가 들어가야 해."

이 말이 떨어지자마자, 모두 약속이나 한 듯이 말했다.

"맞아, 맞아, 맞아, 나도 그렇게 생각했어."

거기다 남편까지 합심해서 그 의견에 거들면서 찬성하고 나섰다.

"당신은 너무 우직하게 하고자 하는 일을 꿋꿋하게 끝까지 하고 있지."

"다시 정리하면 당신 호는 우보(牛步)가 좋아."

나는 그 소리에 너무 화가 났다. 평생을 일만 하며 살았는데 나를 보고 '우보'라고. 나는 내가 소띠의 3월생이라 일만 하고 사는 게 팔자인가 보다 하며, 죽기 살기로 네 자녀를 키우며 맞벌이로 살았다. 너무 힘에 겨워 혼자 울기도 많이 했다.

아이들 다 키우고, 직장도 정년퇴직하여 좀 '쉬어야겠다' 생각했다. 그런데 남편이 귀농하여 농사를 지으니, 일을 도와줘야 할 처지가 되었다. 늘그막에 더 힘든 일이 기다리고 있다.

이제 힘겹게 일하는 것도 싫고, 마음처럼 몸이 따라 주지 못해 일을 못한다. '서툰 농사일 돕다' 시골만 가면 다쳐서 오거나, 갔다 오면 며칠을 앓으며 병원에 드나드는 형편이 되었다.

그런데 내게 '소처럼 일을 더 하라'는 호를 만들어 주니 화가 났다.

나는 호를 만들어 온 아이들한테 신경질적으로 화만 내었다.

"엄마가 후사하겠다고 하여, 열심히 호를 지었다가 야단만 맞고 있네."

큰딸의 이 말에, 그러게 말이야, 후사하겠다는 말에 이런 실수를….

깍쟁이 셋째 딸은 그럼 엄마가 '나의 취향보다 주변에서 본 엄마의 모습과 특징이 잘 그려지면 더 좋겠다'라는 말을 공고문에 쓰지 말았어야 한다고 주장한다.

그 말에 둘째 딸이 한마디 했다.

"야, 엄마가 싫으면 싫은 거지, 넌 무슨 토를 다니."

그 말에 아이들은 깔깔거리며 웃는다.

나의 호 짓기 해프닝이 몇 년 전에 끝났는데, 가끔은 호를 갖고 싶은 생각이 들었다. 내가 내 호를 지어보려고 다른 사람의 호를 유심히 보게 된다.

이름 짓기는 부모가 어떤 사람이 되기를 바람이 들어 있다. 호는 남이 지어주기도 하고, 본인 스스로 자신이 처한 환경에 따라 짓기도 한다. 호는 좋은 의미로 살아가겠다는 의미도 있다. 또 다른 사람에게 알리는 하나의 자신과 약속이기도 하다.

그러므로 호를 짓는데, 어떤 법칙이 있는 게 아니라 자신이 간직하는 것, 특히 좋아하는 것을 호로 삼은 경우이다.

자신이 사는 지명에서 따오는 경우가 있다. 이이의 호는 율곡(栗谷)이다. 밤나무가 많은 골이다.

또는 자신이 이루고 싶은 뜻을 호로 짓는 경우가 있다. 우리나라에 주자학을 처음 들여온 안향 선생의 호는 회헌(晦軒)이다. 회헌은 중국 송나라 때 주희와 같은 유학자가 되고 싶어 자신의 호를 회(晦)를 사용했다.

어떤 사람은 자기가 처한 환경을 호로 짓는 경우가 있다. 이

황의 호는 퇴계(退溪)이다, 이황은 벼슬에 나가지 않고 고향에서 자신이 홀로 삶을 살기 위해 퇴계로 호를 정했다.

호는 주로 두 글자를 쓴다. 그 뜻은 하나의 은유라고 할 수 있다. 예를 들면 가산(佳山)이라면, 내가 아름다운 산이 된다고 은유적으로 표현하는 것이다.

나는 가족들이 지어준 호를 버리고, 나 스스로 아름답고 멋진 호를 지을 생각을 하며 궁리하고 있다.

2003. 8. 4.

여동생의 소파 선물

우리집에 소파가 한 세트 왔다.

"언니, 선물이에요. 책을 볼 때 이 소파에 앉아 보시면 허리에 부담 없고 편해요."

동생은 내가 진열된 편한 소파에 앉아 봤던 것을 보았던지, 그 소파를 보내왔다.

"이렇게 큰 건 선물이 아니지, 너무 과분해서 부담스러워."

"언니, 난 언니한테 더 한 것도 줄 수 있어요. 항상 어릴 때 언니의 고마움은 잊을 수 없어요."

동생은 항상 긍정적이고, 늘 행동에 감사하는 마음이 묻어나는 삶을 살았다.

아주 오래된 기억이지만 이모는 이모부를 여의고 생활이 곤란하여 시골에서 사촌들을 데리고 우리집에 왔다. 사촌들을 우리집에 맡기고 공장에라도 다니면서 사촌들을 키우겠다는 마음이었다.

어릴 때 피부가 예민한 동생과 한 이불을 덮고 자랄 때, 잠결에 피부를 긁어서 아침에 일어나면 피가 보였다. '얼마나 아팠을까?' 걱정하는 마음을 보이면, 밝게 웃으면서 '언니, 괜찮아' 한다. 어린 동생이 이모가 그립고 많이 보고 싶었겠지만, 한 번도 내색하지 않았다. 지금도 생각하면 마음이 아팠다.

외갓집 부모님의 형제 다섯 분 중 네 분이 돌아가시고 이모님 한 분만 살아 계신다. 이모님이 나를 많이 예뻐하셨다. 한때는 엄마 대신 이모한테 마음을 의지하곤 했는데 코로나19로 자주 찾아뵙지 못해 죄송스러웠다. 오히려 외숙모를 통해서 내 안부를 물어보시고 있다.

코로나가 뜸해지자 나는 이모님을 보러 남양주에 갔다. 이모는 94세로 '건강이 좋지 않을 것'이라고 생각했다.

그러나 여러 종류의 약과 효부인 외숙모의 간호 덕으로 편하게 잘 지내고 계셨다.

내가 간다는 소식을 듣고 외사촌 여동생과 제부가 쫓아왔다. 나는 동생과 제부가 너무 사업에 바빠서 연락 없이 갔다.

나는 동생의 사업장을 가 보기로 했다. 7개의 빌딩 숲과 커다란 주차장, 그 옆으로 너른 J 공작소가 동생 내외의 역경 속의 성공을 엿볼 수 있었다.

7개의 빌딩에는 300여 종의 다른 디자인의 소파가 진열되어 있었다. 한 개의 빌딩에는 sbs의 연속극의 세트장이 꾸며져 있었다.

7개의 빌딩을 구경하고 실내에 있는 커피숍에서 차 한 잔을 마시며, 사업에 성공한 동생 내외를 칭찬해줬다. 다른 사업장에서 이곳까지 쫓아와서 처형을 모시려는 겸손한 마음이 엿보였다.

코로나로 인해 모든 사업장이 문을 닫는 곳이 많은데, 이곳은 코로나로 인해 재택근무가 늘어 더 성장하고 있다는 아이러니한 모습에 더욱더 겸손과 감사하는 마음이 묻어나고 있었다.

무엇이든 감사하는 마음으로 살아온 삶이 성공의 원동력이 된 듯하다.

나는 사촌 부부가 건강하게 남을 돌아보며, 더불어 사는 삶을 지금처럼 계속 살기를 기원해본다.

2021. 5. 18.

기쁨의 포장도로

남편은 어릴 때부터 나무를 좋아해서 과실수를 심는 게 소원이라 했다.

38년 전 남편은 작은 쇠꼬챙이를 들고 서울에서 2시간 내의 작은 야산을 사려고 땅을 보러 다녔다.

서울 북쪽으로 광주, 양평, 양주 등을 보러 다녔지만, 손에 든 천여만 원으론 도저히 살 수가 없었다. 할 수 없이 한강 이남 쪽으로 다녔지만, 근교는 너무 비싸서 공주까지 내려가게 되었다. 쇠꼬챙이로 돌산인가, 아닌가를 수 없이 찔러 보고 다녀 봤지만, 토질이 좋은 땅이 없었다. 땅이 넓다는 이유 하나만으로 공주에 천여만 원으로 이만 평의 야산을 샀다. 그런데 그곳을 가 보니 길도 없는 맹지인 데다 초입부터 80도는 될 듯한 가파른 산이었다.

산 밑에서도 설 수 없이 경사진 땅이었다. '적은 돈에 2만여 평을 살 수 있다'는 부동산업자의 이야기만 듣고 산 게 잘못이었다.

남편은 사자마자 다시 팔려고 부동산에 매물로 내놨으나 산을 아는 사람은 사지 않았다.

3년 후 8백8십만 원에 팔려 대토로 만여 평의 산을 다시 샀는데 그곳은 평편한 곳이 삼 분의 일은 되었다. 3백4십만 원을 더 주고 샀다. 그러나 그곳도 맹지였다.

이 산은 마을에서 2㎞ 족히 떨어져 있었고, 고지 500m는 되었다. 남편은 그곳 산을 개간하여 호두나무 600주와 페칸 묘목 200주를 심었다.

토요일에 퇴근하여 시외버스를 타고 시골로 내려가 어느 집 빈방에 기거하며 농사를 짓다 일요일 밤에 서울로 올라오기를 5년 가까이 했다. 겨울이 지나며, 심은 나무가 서서히 얼어 죽었다. 산등성이를 중심으로 계곡 쪽으로 점차 얼어 죽었다. 동네와의 온도 차이가 5도 이하는 되었다. 동네에 있는 호두나무는 잘 자라는데, 우리 산에 심은 나무는 5년에 거쳐 모두 얼어 죽었다.

그 지역은 밤 고장으로 산에 주로 밤나무를 재배하고 있었다. 남편은 토질과 기후의 특성도 모른 채 자신이 심고 싶은 나무를 심었다.

10여 년을 호두나무에 매달려 애를 태우다 실패하고 말았다. 그 후 토질에 맞는 나무로 수목 갱신을 하기 위해 밤나무와 은행나무를 심었다.

25년 전부터 다시 심은 밤나무와 은행나무가 무럭무럭 잘 자라 수확하는 단계에 이르렀다.

나무를 가꾸는데 제일 중요한 것은 길인데, 길이 없어 남의 논두렁이나 밭두렁을 이용해서 거름을 나르는 등 힘겹게 농사를 지었다. 다른 집의 밭 귀퉁이로 다니게 해 달라 돈을 주기도 했다. 어떤 집은 '길만 사 가라' 해서 길만 사기도 했다. 타지인이 나무가 좋아 맹지 산을 무조건 사는 것은 잘못이었다. 마을 사람들한테 민폐가 되지 않으려고 마을에 기금을 내는 등 그 사람들과 동화되기 위해 열심히 도왔다. 동네 사람들도 35년 동안 한결같이 나무만 심는 모습을 보고 감명받았는지, 지금은 어려운 일이 생기면 많은 도움을 받고 있다.

지성이면 감천이라고 동네 사람들의 협조로 35년의 기다림이 선물처럼 포장도로가 생기게 되었다.

나는 기뻐서 차를 몰고 새로 난 포장도로를 힘차게 달려가 봤다. 문명의 이기는 여러 사람을 편리하게 하고 일의 능률을 올리게 한다.

우리는 연결 도로에 이어서 우리 산꼭대기까지 연결하여 다시 포장도로를 만들었다.

남편은 자기의 선산보다 이곳이 좋다며 "죽어서도 이곳에 묻히고 싶다"고 자녀들한테 말한다. 우리가 죽어서 갈 곳까지 연결도로를 만들어, 자녀들이 부모의 산소를 찾을 때 힘들지 않게 할 계획으로, 흙길 위에 시멘트 포장도로를 내고 있다.

2021. 5. 25.

딸네와 동거

셋째 딸 가족이 우리집에 이사 왔다. 딸네 아파트가 세를 놓은 지 17년이 되었으니 올 수리를 해야 한단다.

시집을 늦게 가 '빨리 결혼하라'고, 잔소리해서 보냈더니, 지금은 혼자가 아니고 3명을 덧붙여 밀고 들어왔다.

우리집은 한순간에 아수라장이 되었다. 처음 두 칸짜리 방과 화장실을 넘겨주고 여기만 쓰라고 했다. 며칠이 지나자 거실, 냉장고, 심지어 주방, 서재까지 점령해 버렸다. 그것뿐 아니라 5개월 된 갓난아기까지 나에게 맡기는 날이 많았다.

손을 다쳐 아기도 안을 수 없는데, 아기를 놓고 나가면 화가 났다가 아기가 방긋방긋 웃는 모습을 보면 너무 예뻐 화가 풀린다.

딸은 아파트 수리에 따른 여러 곳의 견적서를 받느라고 바쁘게 움직였으나, 급한 게 하나도 없었다.

"어디에 맡기기로 했니."

"h 회사는 너무 비싸고, R 회사는 어디는 괜찮은데 어디는 안 좋고, 그런데 너무 비싸게 달래."

이렇게 한 달은 훌쩍 지나고 있었다.

"엄마, 우리 신경 쓰지 말고 지내셔요."

"어떻게 신경을 안 쓰냐."

집 안이 어수선해서 책을 볼 수도 없고, 혼자 마음을 집중하여 일할 수 없었다. 훌쩍 바람 쐬러 시골을 갈 수도 없고, 나는 나대로 내 생활의 리듬이 엉키고 있었다.

다행히 아파트 지은 건설회사에서 리모델링을 할 수 있어, 뼈대만 남기고 수리를 하기로 했다. 한 달 이상을 수리한 끝에, 완성하게 되었다. 완성은 되었으나 집에서 건축자재 냄새가 나서 '아기 때문에 이사 못 간다'며 3개월간 우리집에서 버티고 있다.

나는 딸만 마주치면 '너 언제 이사 가니' 묻곤 했다.

아기가 5개월 때 우리집에 왔는데 8개월이 되었다. 제법 옹알거리며 눈만 마주쳐도 웃고 예쁜 짓을 하고 있다. '이달 27일에 이사 간다'고 날을 잡았다.

처음에는 아기 때문에 귀찮았는데, 지금은 아기가 예뻐서 밖의 생활을 줄이고 있다. 자는 모습, 웃는 모습은 천사 같다. 이런 보물이 어디서 왔나. 잠자고 있는 모습을 옆에 앉아 구경하고 있다.

아이를 한 번도 키운 경험이 없는 것처럼 새삼스럽기만 하다. 어떤 아름답고 고귀함과 비교할 수 있을까.

나는 이사 가는 딸이 시원섭섭하지만, 딸네 가족이 지금처럼 행복하고, 건강하게 행복한 삶을 살기를 기원하며, 이사하는 날을 기다렸다.

2021. 6. 8.

행운의 네잎클로버

아침에 후배한테 연락이 왔다. 건강 검진을 받았는데 '폐에 반점이 보여 큰 병원에서 검진을 다시 받으라'고 한단다.

나는 가슴이 쿵쿵 떨려왔다. 그 후배의 가정에 환자가 2명이나 있었다. 남편은 치매이고, 딸은 암으로 투병 생활을 하는 중이었다. 남편과 딸을 데리고 병원으로, 병원으로 다니느라 애를 쓰고 있다. 삶이 답답하고 괴로우면 나에게 울면서 전화를 하곤 하는, 나를 언니처럼 따르는 후배이다.

나는 후배가 너무 안타까워 양재천을 전과 같이 씩씩하게 걷지 못하였다. 내가 도울 수 있는 일이 하나도 없어 답답하기만 했다.

마음씨가 곱고 착한 후배에게 왜 이런 일이 생기는지. 정말 신이 있나. 너무 가혹한 삶을 살아가고 있는 후배가 안타까웠다.

나는 후배에게 남편의 병은 아는 것이고, 치료가 안 되고 있으니, 일단 '치매 전용 요양병원에 보내면 어떻겠냐'고 했다.

"언니, 차마, 그렇게 못하겠어."

"그럼 딸 암 투병 치료를 하려면, 병원을 수시로 왔다 갔다 해야 하는데 어떻게 하려고."

"젊었을 때 남편이 나와 우리 친정에 너무 잘해줘서 차마 요양원에 못 보내겠어."

그 착하디착한 후배의 시련 앞에, 자신 몸이 망가져 있다는 사실에 막막하였다. 후배를 위해 아무것도 할 수 있는 일이 없는 게 안타까웠다.

시골에서 유기농 농산물로 만든 음식물이나 주는 게 고작이었다. 얼마 전 시골에서 열무김치를 담가와서 전달하려고 만났다. 후배는 저녁 9시 이후 남편과 딸을 재우고 나왔다. 상가 주차장 가로등 밑에 잠깐 차를 주차해 놓고 만났는데, 핼쑥한 모습에 핏기가 하나도 없어 보였다.

"고생이 너무 많은가 보다. 더 날씬해 보여."

"이렇게 살이 빠지긴 처음이야."

"다행이지, 나는 몸무게가 늘어서 걱정이야."

자주 걷는 양재천 길인데도 후배 걱정에 발걸음이 무거웠다. 길가에는 토끼풀 군락을 이루고 있었다. '몸에 안 좋은 신호가 와서 몸무게가 그렇게 빠졌나.'

'아~ 행운의 네잎클로버네! 행운과 희귀함을 상징하는 네잎클로버를 암투병하는 후배 딸에게 줘야지' 하며, 반갑게 땄다.

"OO야! 내가 행운의 네잎클로버를 찾았어, 이 클로버는 아우 딸에게 줄 거야."

나는 반가움에 떨려 흥분된 목소리로 전화기 속의 후배에게 전화를 걸었다.

"언니의 염려로 OO가 암을 이겨 낼 거야."

아우의 목소리도 기쁨과 흥분으로 떨려오고 있었다.

돌아오는 길에 눈을 토끼풀에서 떼지 않고 천천히 걸으며, 토끼풀 군락을 헤치고 있었다. 한참을 뒤지다 또 하나의 네잎클로버를 찾았다.

"OO야 또 찾았어. 이 행운은 아우 것이야, 이제부터 걱정하지 마! 앞으로 좋은 일 있을 거야."

나는 행운의 네잎클로버 두 잎을 벤치에 올려놓고 핸드폰으로 사진을 찍어 후배에게 전송했다. 그리고 실물도 우송하겠다고 문자를 보냈다.

인간의 수명은 신이 주관한다지만, 삶은 우리가 만들어 가는 것 아닌가. 살아있는 기간만이라도 꼭 행운이 있어, 후배 가족들의 앞날에, 아픈 고통에서 벗어나기를 정말로 기도한다.

2021. 6. 15.

브런치 작가란

서리풀 문학회에서 원고 한 장을 받았다.

그 주제가 '브런치 작가가 되다'였다. 나는 다음 공부할 원고의 제목을 힐끔 보고 '음식을 먹으면서 문학을 토론하는 것인가?' 하는 생각을 하며 주섬주섬 원고를 가방에 찔러 넣고 집으로 왔다.

집에 돌아오니 카톡이 울리기 시작했는데, '브런치 작가가 된 것을 축하한다'는 축하 이야기며, 브런치 채널로 들어가는 앱이 떴다. 나는 그 앱으로 들어가려고 두 개의 앱 중에 오른쪽 앱을 부지런히 따라 들어갔다. 중간에 막히고, 막혀서 너무 답답한 나머지 나의 무식함에 당황하기 시작하였다.

브런치(brunch)란, 아침 식사(breakfast)와 점심 식사(lunch)의 합성어로, 중간 식사 때에 먹는 미국 식당에서 많이 사용되고 있다. 우리나라의 농촌에서 아침과 점심 중간에 먹는 새참과 같다.

그런데, 뜬금없이 우리가 주로 쓰는 바른 우리말, 우리글로 문학을 논하는 곳에 외국 음식 문화의 말을 옮겨 온 게 이해가 되지 않았다.

브런치의 단어를 따다 앱을 만든 것이, 당근의 이름을 빌려 '당근마켓'을 만든 것과 같은 맥락이라 생각하니 이해가 되었다.

나는 카톡에 '브런치 앱이 열리지 않아 나의 무식함에 우울하다' 하소연하였다. 떨어져 사는 자식들을 부를 수도 없고, 난감하던 차에, '바탕 화면에 두 개의 앱 중에서 왼쪽 앱을 열어 보세요' 하는 카톡이 왔다. 나는 얼른 왼쪽 앱을 열었다. 새벽의 여명이 밝아 오듯이 송 작가의 글이 쏟아져 나왔다. 나는 기분이 상쾌하였다.

컴퓨터나, 모든 기기가 오른쪽으로 따라가던 것이 많아, 습관대로 오른쪽으로만 따라갔다. 나의 고정 관념의 습관이 문제였다. 안 되면 이쪽으로도, 저쪽으로도, 해 봐야 되는데….

중국 송나라 때 살았던 도연명 시인은 '배움에는 시기가 없고 나이 또한 문제가 되지 않는다. 평생을 배워도 모자라는 게 배움이라' 했다.

『탈무드』에서는 '배울 수 있는 한 누구에든지 배워야 한다. 배움은 가장 정신적 자산이다. 배움에는 시기가 없다. 배울 수 있는 한 배우고 익혀라. 배우는 것이 남는 것이다'라고 말하고 있다.

브런치가 늦은 아침과, 이른 점심이 되었던 언어 사용에 반기를 들지 않겠다. 새로운 배움에 묻지도 따지지도 않고, 항상 배우고 익히면서 탐구하는 노력을 기울이겠다. 또 좋은 글을 읽고 새로운 정보를 얻으면 행복해진다.

2021. 7. 13

2

사랑의 털장갑

효도와 사랑이 듬뿍 담긴 장갑이 따뜻하여, 추운 겨울의 엄동설한도 걱정 없이 지나갈 것이다. 열심히 너희들을 키웠지만, 엄마의 사랑이 항상 부족했을 터인데, 고맙게 잘 커 주어서 감사하다.

추억의 앵두

앵두꽃이 흐드러지게 피었다. 올해는 앵두가 빨갛게 주렁주렁 매달려 있었다. 한 그루는 작은 알의 앵두이고, 한 그루는 작은 앵두의 4배가 큰 왕 앵두이다.

작은 앵두는 심은 지 10여 년이 되었는데, 여기저기 옮겨 심어서 올해 처음 열렸다. 큰 왕 앵두는 5년 전에 심었는데, 올해는 탐스럽게 커다란 앵두가 익어 주인에게 기쁨을 주었다. 두 나무의 앵두는 작년에도 열렸는데 물까치가 휩쓸고 지나가서 하나도 못 따서 아쉬웠다.

라오스에 갔을 때 전통시장에서 어릴 때 오빠들이 쏘아 올리던 고무줄 새총을 봤다. 나는 옛 생각이 나서, 고무줄 새총을 사서 남편에게 선물했었다. 내가 시골에 내려가니 현관 앞 데크 파라솔 옆에, 잔돌이 수북하게 쌓여 있었다.

"이 잔돌을 무얼 하려고 여기에 가져다 놨는데."

"새 잡으려고."

"당신이 무슨 수로 날아다니는 새를 잡아. 되게 할 일도 없나 봐. 할 일 없으면 꽃밭에 풀이나 뽑지."

"이젠, 과일을 새에게 몽땅 뺏기지 않으려고."

벌써 오디는 하나도 없이 물까치가 모두 따 갔다.

"그래서 열심히 고무줄 새총 쏘기 연습하고 있어. 그런데 신기하게 맞추지는 못했지만. 새가 안 와."

"고무줄 새총을 새에게 적중하여 쏠 수 있는 실력은 안 되지만, 앵두나무 쪽으로 쏘니 새가 겁이 나서 도망갔어."

남편은 어려운 수학 문제를 푼 학생처럼 신이 나서 말한다.

"그래요, 살생도 안 하고 새를 쫓으니, 다행이네."

"그렇다면 앵두는 끝났으니, 다른 과일은 익는 순서대로 고무줄을 당기면서 새총을 쏘면, 과일은 제대로 먹겠네. 흐흐흐."

"허수아비도 세워 놓고, 깡통도 매달아 바람결에 소리가 나게 해 봐요."

어릴 때 친구네 집의 울타리 안에 빨간 앵두나무가 익던 모습이 부러웠다. 새콤달콤한 예쁘고 맛있는 빨간 앵두를 한 움큼 얻어먹으면, 최고로 고맙고 맛이 있었다.

빨간 앵두를 따다 놓고 먹으면서 생각하니, 물까치의 먹이를 빼앗아 먹는 기분이 들었다. 물까치야 우리 협상하자. 너 반, 우리 반, 같이 따 먹으면 어떻겠니.

2021. 7. 20.

봉선화 물들이기

봉선화 2그루를 화원에서 옮겨와 시골 꽃밭에 심었다.

딸들을 키울 때 봉선화 물들이던 생각이 나서 손녀딸들한테 '추억을 만들어 주기' 위해 봉선화를 심었다.

내가 어릴 때는 봉선화 꽃과 잎에 백반을 넣고 큰 돌멩이 위에 올려 놓고, 작은 돌로 짓이겨 사기 종지에 담았다.

열 손가락 위에 나란히 올려 놓고 봉선화 잎을 먼저 댄 후, 콩잎으로 정성껏 돌돌 감은 다음 굵은 실로 돌돌 감아 싸 놓는다. 처마 밑에 앉아서 봉선화 꽃과 잎을 3분의 2의 비율로 넣고 물을 들이면, 곱고 예쁜 빨간 손톱이 된다. 재잘재잘 웃음꽃을 피우며 봉선화 물을 즐겁게 들이던 생각이 난다.

다른 날 같으면 들로 냇가로 뛰어다니며, 저녁노을이 질 때 부모님의 부르는 소리를 듣고, 집으로 돌아오곤 했다.

'첫눈이 올 때까지 손톱에 봉숭화 물이 남아 있으면 오래오래 산다' 했고, 좀 커서는 '첫사랑이 이뤄진다'는 전설 같은 이야기를 믿으면서, 손톱의 봉선화 물이 빠져나가는 것을 안타까워했다.

손톱이 점점 자라면서 봉선화 물이 잘려나가는 것이 아까워 손톱이 길게 자라도 선뜻 손톱을 자르려 하지 않았다.

손녀딸이 시골집에 왔을 때 나는 봉선화 꽃과 잎을 따서 백반을 약간 넣고 작은 절구에 넣고 찧기 시작했다.

"할머니가 예쁜 손톱을 만들어 줄 거야."

나는 딸들에게도 예쁜 손가락을 만들어 주던 경험으로 손녀딸에게도 추억의 봉선화 물을 들이기 시작했다. 으깬 꽃과 잎을 손톱 위에 올려놓고 봉선화 잎과 콩잎 대신 비닐을 잘라 손톱을 감싼 다음, 고무줄로 느슨하게 감아주었다. 비닐로 감싸서 봉선화 물이 줄줄 흐르지 않아 좋았다. 손톱이 곱게 물들기를 기다렸다.

잠을 자고 난 손녀딸은 손톱의 봉선화 물을 보고 '예쁘다'고 좋아했다.

시골에 오면 여러 종류의 색다른 경험을 주기 위해 자연과 친숙한 생활을 하게 한다. 과일 따기, 채소 심기, 새알 만져보기, 냇가에서 그물로 고기 잡기 등, 도시 아이들이 경험하지 못하는 체험을 하도록 이끈다.

나의 손주들도 시골 생활을 추억으로 생각하며, 사랑을 담고 살기를 바란다. 자연을 벗 삼는 삶을, 어릴 때부터 경험하여 친숙하게 하고 싶다.

먼 훗날 할머니가 손녀딸들에게 봉선화 물들이던 과정을 추억으로 남기고 싶다.

아무리 문명시대에서 편안한 삶을 살아간다 해도, 자연을 가까이하는 삶이 잔잔한 재미가 있다는 것. 경험을 통해 알게 하고 싶다.

손주들이 자연과 함께 더불어 사는 것을 경험하도록 이끄는 것도 자녀를 사랑하는 부모의 몫이다.

2021. 8. 3.

벌침 맞은 날

"원두막 옆에 밤나무가 답답하니 밑가지를 잘라버려요."

나는 시골에 내려가면 남편에게 여러 가지의 주문을 한다. 몇 번 말했는데도 잔 나무가 수북하게 그냥 있었다. 나는 셋째 사위를 데리고 작은 톱과 전지가위를 들고 원두막 옆으로 올라갔다.

나는 사위에게 시범을 보이면서 전지가위로 밑에 수북하게 난 나뭇가지를 자르기 시작했다. 그때 바로 벌떼들이 나를 향해 달려들며 쏘기 시작했다. 나는 전지가위를 내던지며 도망을 쳤다. 도망을 쳤으나 쫓아오는 벌에 여섯 방을 공격적으로 쏘였다. 마침 사위는 먼발치에서 서 있었기 때문에 쏘이지 않아 다행이었다.

"여보, 내가 당신 복수해 줄게."

모기약 통을 들고 남편이 어슬렁어슬렁 왔다. '내 부탁을 들어주지 않은 것이 미안한 듯.' 나는 마음속으론 화가 났지만, 사위가 있어서 꾹 참고 '약'을 연신 바르고 있었다.

“여보, 나뭇잎 밑에 벌집이 있어, 이걸 건드려서 화가 나서 당신을 공격한 거야.”

“당신은 벌침을 맞았으니 앞으로 건강해질 거야.”

큰소리를 치며 신이 나서 말한다. ‘잔소리만 하는 여편네가 꼬습다’란 얘기처럼 들려온다.

나는 벌집이 붙은 나뭇가지를 들고 불타는 아궁이에 던져버렸다. 손과 팔목이 쑤셔서 화가 났지만. 원두막을 오가는 손주들이 벌을 쏘였다면, 어찌할 뻔했나. 내가 쏘인 것이 다행이다.

오후에 앞마당 모란 나무 밑에 수건이 떨어져 줍다가 또 두 방의 벌을 쏘였다. 아파도 참으려 하니 마음속부터 화가 치밀었다. 그런데 이번에는 누구에게도, 원망을 할 수 없었다. 모란꽃나무 그늘에 벌집이 있는 걸 누가 알 수 있었겠나. 손자 손녀들 앞에서 아프다고 울상을 지을 수도 없고, 어른이 되니 표정 관리도 해야 하고, 불편한 게 많다. 이번에도 남편은 구원 투수처럼 모기약 통을 들고 나섰지만, 마음속으로 미워하지도 않았다.

비가 자주 오고 식물이 무성하니 벌도 자기 생존을 위해 여기저기 집을 짓고 서식하고 있다. 자연의 이치란 걸 알고, 벌 조심은 항상 하면서 풀밭에 들어가야 한다. 작은 벌 말고, 말벌에 여덟 방을 쏘였으면 또 구급차를 타고 병원으로 실려 갔을 것이다. 이런 사고도 ‘하나님 감사합니다’ 하고 소리를 질러야 할지. 오늘 하루의 시골 생활이 상처투성이다.

2021. 8. 17.

게으른 자의 꽃밭 가꾸기

4월에 채송화와 백일홍 씨를 시골집 꽃밭 묘 포장에 뿌렸다. 빨강, 노랑, 분홍, 주홍, 흰색의 백일홍 씨를 심었다. 한쪽으로 채송화 씨도 뿌렸다.

어릴 때 어머니께서 장독대 가장자리에 심었던 채송화꽃의 아름다움을 잊을 수 없다. 그때의 알록달록한 꽃밭을 연상하며 정성 들여 꽃씨를 뿌렸다. 채송화꽃을 길옆에 심으면 발걸음도 한결 가볍고 꽃길을 걷는 착각을 들게 하여 즐겁다. 풀꽃이지만, 여름부터 서리가 올 때까지 꽃밭을 아름답게 꾸며 준다.

꽃씨를 뿌린지 3개월 후 시골에 가 보니, 풀숲에서 가느다란 백일홍꽃이 피기 시작했다.

묘 포장의 풀을 뽑아주니 가늘디가는 꽃대가 휘청휘청하게 풀숲에 서 있고, 홀로 서서 버티지 못하고 있었다. 한쪽에 심었던 채송화는 온데간데없이 삭아서 없어졌다.

채송화가 꽃도 못 펴보고, 바랭이풀에 짓눌려 죽어 없어진 생각에 너무 미안했다. 꽃씨만 심어놓고 방치한 죄의식에 백일홍이라도 살리려고 마음먹었다.

마치 비가 와서 백일홍 꽃모종을 내기로 했다. 너무 키가 커서 스스로 서 있을 수 없어 아깝지만, 꽃대를 반쯤 잘라 내고 백일홍을 심었다.

밤새도록 부슬부슬 비가 와서 잘라 심은 백일홍 꽃대는 꼿꼿하게 서 있었다.

꽃밭만 차지하고, 꽃밭을 풀밭으로 만들어 놓고도, 꽃을 좋아한다, 말할 수 있을지. 나에게 물어본다.

책상 위에 꽃 두세 송이를 화병에 꽂아 놓고 보면, 며칠간의 잔잔한 행복을 느낄 수 있다. 또 은은한 꽃향기가 퍼지면 세상이 아름다워 보이고 잔잔한 기쁨이 솟아난다.

자신이 뿌린 씨앗은, 그 자신이 언젠가 스스로 거두게 될 것이다. 이것이 세상의 섭리이고, 우주의 질서다.

지구상의 모든 것들은 '뿌린 대로 거둔다. 식물은 심고 가꾼만큼 거둘 것이다'라고 했다. 식물도, 인간도, 방치해서는 도저히 자랄 수 없다.

사랑과 관심을 들여야만 식물도 사람도 잘 성장한다. '공들여 사랑을 주고 가꾼 만큼 자란다'는 진리를 알면서 실천하지 못한 나에게 후회의 채찍을 받는다.

2021. 8. 17.

코로나 시대의 죽음

"언니, 시어머님이 돌아가셨어."

"언제? 어디 계셔?" 깜짝 놀라 숨 가쁘게 물었다.

"시아버지 곁에 모셨어."

"연락도 없이 그런 게 어디 있니?

나는 화를 내며 동생을 꾸짖었다. 여동생의 시부모를 생각하니 마음이 아팠다. 코로나 때문에 장례식장에 사람들을 못 모이게 하였다. 분향소와 영정도 없이 고인을 보낸 마음에 가슴이 답답하고 먹먹했다. 분향소에서 마지막 인사도 못 드린 생각에, '이 세상이 어떻게 돌아가고 있는 걸까?' 마음이 아파 일이 손에 잡히지 않았다. 세월은 흘러갈 수밖에 없다는 것을! 죽음은 '인간의 자연 이치다'를 되뇌면서도 일은 할 수 없었다.

동생의 시모는 평양 변두리에서 농사를 짓고 살았다. 종교 탄압으로 목회하는 큰 숙부와 가족들은 탄압을 못 견뎌 북에서 살 수 없어 남한으로 피난을 오게 되었단다.

시할머니가 다섯 살 된 손녀딸을 등에 업은 채 말을 했다.

“농사를 지어 놓고, 추수도 해야 하고, 조상과 고향 땅을 버리고 어떻게 떠나겠냐.”

“손녀딸은 내가 키우고 있을 테니 잠잠해지면 오거라.”

시할머니 등에 업힌 채 손을 흔들고 있는 딸과 그렇게 헤어졌다.

시어머니는 아들을 등에 업고 고향을 떠났다. 고향을 떠나 남한으로 오는 중 몇 번의 죽을 고비를 넘기며 피난을 왔다고 했다.

지금까지 생사도 모르는 가족과의 이별이다. 시할머니 등에 업혀 놓고, 생이별한 딸이 얼마나 보고 싶었을까. 딸이 보고 싶어 눈이나 제대로 감았을까. 남으로 내려와 살기 위해 얼마나 많은 고생을 하며 한 많은 세월을 보냈을까. 같은 여자로서, 그 모습을 상상하면 저절로 눈물이 났다.

죽음이라는 막 앞에 사무친 그리움도, 행복도, 사랑도, 미움도, 원망도, 모든 것을 단절시켜 놓게 된다. 코로나가 살아있는 사람도 강제로 끊어 놓았다.

내 맘속에 ‘가신 영혼이라도 불러 마지막 인사라도 드려야겠다’ 생각하고 동생의 만류를 뿌리치고 동생 집으로 찾아갔다.

하늘나라 가시면 고향 산촌도, 그리웠던 딸도 보시고, 남과 북을 다니며 평온하게 사시라고 기도하였다.

모든 자연의 섭리는 끝없이 흐르는 강물처럼 흘러간다. 오늘의 물이 어제의 물이 아니고, 오늘 핀 꽃은 어제의 꽃이 아니다. 세월은 반복되어 흘러도, 사물은 언제나 바뀌어 간다. 우리의 마음도 몸도 늘 그렇게 세월 따라 흘러간다. 나도 머지않아 그 길을 따라가겠노라. 애써 인사를 올렸다.

2021. 8. 24.

꾸지뽕나무 열매

꾸지뽕을 아시나요.

옛날 어느 농가에서 누에를 키우는데 뽕나무 잎이 부족하여, 야산에서 약간 다른 잎을 따다 누에에게 먹여 보니 누에가 탈 없이 잘 자랐단다.

그래서 농부가 "너를 굳이, 뽕이라고 할 수 있겠냐" 하여 그 뒤로 이름이 '꾸지뽕'이 되었다.

꾸지뽕나무의 잎은 가로 5~6㎝, 세로 약 7㎝로 길쭉하다. 가지에는 대추나무와 같이 가시가 있다. 9월이나 10월에 따는 열매는 빨간색으로 울퉁불퉁하게 생겼다. 열매의 크기는 작은 딸기와 비슷하고, 맛은 무화과와 비슷하다. 그런데 씨는 포도씨만 한 크기로 미끈미끈한 것이 들어 있어 그냥 먹기가 불편하다.

'꾸지뽕은 당뇨에도 좋고, 혈액순환에도 좋고, 자양강장제로 활력에도 좋다'고 했다.

뽕나무의 길쭉한 보라색 열매 오디는 5월에서 6월 초에 수확한다. 영양성분은 고혈압, 동맥경화, 심근경색 등 심혈관계 질환 개선에 도움을 주고 손과 발이 차가운 수족 냉증에 효과가 있다.

꾸지뽕은 내가 알고 있는 뽕나무와 외적으로는 비슷한 점이 하나도 없었다. 그러나 잎, 열매, 나무, 모두 약용으로 쓰고 있다.

나는 빨간 꾸지뽕 열매를 한 움큼 입에 넣고 먹으며, 씨를 후후 뱉어 가면서 열매를 열심히 땄다. 물까치가 떼를 지어 까악, 까악, 소리 지르지만, '너는 그동안 나 없을 때 많이 먹었잖아' 하며, 한 바구니를 용감하게 따왔다.

나는 이 열매로 효소를 담글까, 술을 담글까, 아니면 잼을 만들까, 궁리하다 잼을 만들기로 했다. 수돗가에 가서 여러 번 씻은 다음 채반에 담아 물이 빠지기를 기다렸다.

열매가 커서 믹서기로 갈았다. 그런데 씨가 미끌미끌하여 통째로 거뭇거뭇하게 보였다. 할 수 없이 스테인리스 대야를 놓고, 그 위에 채반을 걸치고 씨를 걸렀다. 씨가 개구리알같이 생긴 것이 몽실몽실 뭉쳐 나왔다.

나는 꾸지뽕액을 솥에 담고 올리고당을 조금 넣고 잼을 만들기 시작했다. 다리도 아프고, 팔도 아프고, '괜히 까치가 다 쪼아 먹게 놓을 걸 고생만 하네,' 내가 새 모이를 빼앗은 듯한 생각이 들었다.

새 떼 때문에 내 것을 다 빼앗긴다 생각했는데, 오늘은 왠지 내가 새 먹이를 빼앗은 것 같아 미안한 생각이 든다. 앞으로 꾸지뽕이 아니더라도, 모든 열매는 공평하게 똑같이 나누어 먹자. 꼭 서로 약속 지키자. 새들도 알아들었다는 듯이 내 머리 위를 떼를 지어 날아가고 있다.

2021. 10. 19.

겨울이 벌써 오나

이번 여름은 더위로 숨이 막힐 정도였다. 마스크를 쓰고 밖을 다니노라면 숨쉬기가 불편했다. 코로나를 구실로 바깥출입을 하지 않은 채 집에 칩거하다시피 지냈다.

'언제 여름이 가려나' 했는데, 준비도 없이 어느 날 별안간 추워서 깜짝 놀랐다. 64년 만에 오는 이상 기온이라 한다. 준비 없이 겨울을 맞게 되었다.

나는 집 안의 창문을 모두 잠가 버리고 바람 한 점 들어오지 못하게 막아 버렸다. 두서없이 겨울 채비를 하느라 허둥댔다. 사람도, 식물도, 동물도 준비 없는 추위에 몸과 마음을 움츠리고 있다.

코로나 시대에 감기라도 걸리면 큰일이 날 것 같아 두꺼운 외투를 입고 밖에 나갔다. 이웃 사람들도 겨울옷 차림이다. 같은 느낌을 받았는지 서로 쳐다보며 계면쩍어한다.

"날씨가 미쳤나 봐요."

사람은 겨울옷을 꺼내 입으면 되지만, 농작물은 아직 씨가 여물지 않아 거두어들일 수 없어 난감했다.

급하게 시골에 내려와 보니 꽃밭에 꽃들이 서리에, 고개를 푹 숙이고 있었다. 한 달 먼저 온 추위 때문에 꽃들도 한 달 먼저 시들어 버려 안타까웠다. 예쁜 일년초 꽃은 이제 씨를 맺으려 하는데 죽고 말았다. 휑한 꽃밭을 보니 허망한 마음이 들어 속상했다. 화초는 여물지 못해 씨앗 번식도 못 하고, 시들어 버린 게 너무 아깝고 애처로웠다.

먼 산의 단풍들도 곱게 물들지 못하고 푸르게 서 있다. 모든 나무는 잎에 예쁜 옷을 입혀 서서히 나들이 보내며 떨구어 내는데, 푸른 잎은 어쩔 수 없이 나무에 매달린 채로 달려 있다. 나무에 검푸르게 매달린 나뭇잎이 바람을 맞으며 이리저리 흔들리고 있었다.

이 지구상에 있는 모든 생명체가 제대로 살려면 환경을 파괴하는 일을 하지 않도록 해야 한다. 자연 보호를 스스로 행한다면 신이 주신 수명을 다하며 살아갈 수 있다. 이 어려움은 인간이 만들어 놓은 자연을 파괴에서 시작되었다. 자연에 준 만큼 받는 거라 한다.

이러한 진리를 잊고 살았다. 정신이 번쩍 든다. 이런 현상은 지구의 온난화로 이상 기온 때문이라 한다. 모든 만물은 기후에 따라 지구에서 서서히 움직이며 돌리는데, 인간들의 무분별한 파괴로 이상 기후를 만들었기 때문이란다.

저탄소 생활을 꾸준히 하며 '자연을 지키고 보호하는 것이, 나를 위해 꼭 해야 한다'는 것을 시시각각 잊지 않고 행할 것을 다짐한다.

2021. 11. 2.

쓸쓸한 가을, 이름을 남기는 삶

창밖을 내다보니 가을 단풍이 비를 흠뻑 머금은 채 잎을 떨구어 내고 있었다. 나는 우산을 들고 비바람에 떨어져 뒹구는 단풍잎을 밟으며 아파트 공원 길을 걸었다.

사람의 모습도 서로 다르듯, 뒹구는 잎의 모양, 색깔, 모두 다르게 비에 젖어 바람 따라 나뒹굴고 있었다.

사람은 세찬 바람을 피해 옷깃을 여미지만, 세월의 세찬 바람에 언젠가는 나의 삶도 사라질 것이다. 나는 사라지기 전에 내가 살아온 삶을 생각하며, 빗길의 낙엽을 밟고 걸었다. 내가 사라지기 전에 남는 여생을 어떻게 보내야 할까, 사람은 이름을 남기고 살다 가야 한다는데, 무엇을 해야 이름을 남길 것인가, 아무리 생각해도 뾰족한 생각이 없다.

내가 국가와 사회를 위해 봉사한다면, 이름을 남기는 일이 될까. 무엇을 어떻게 해야 하나. '시의원을 나가 볼까. 구의원을 나

가볼까. 아니면 아파트 부녀회장을 해 볼까.'

그런 게 이름을 남기는 일이라면, 어떻게 해야 하나. 생각하다 '혼자 빗속에서 무슨 별난 생각을 하는 거야.' 미친 여자처럼 혼자 피식 웃는다. 공원을 몇 바퀴 돌고 돌면서, 고민해 보았으나 좀처럼 답이 나오지 않는다.

내가 현재 하는 일을 생각한다.

귀농한 남편 일을 투덜대며 돕는 일. 자녀들이 급한 일이 생기면 쫓아가 땜빵으로 손주 돌보는 일. 시간 날 때 책 보기. 못 쓰는 글이나마 내 생각을 글로 적어놓는 일. 세금을 내라면 불평하면서도 꼬박 다 내는 등의 바쁜 일정에 허덕일 뿐이다. '남을 위해 봉사해야 이름을 남길 것'이라 생각한 것이 잘못이다.

이름을 남기는 일은, 국가와 사회를 위해서 봉사하는 일만 있는 것인가. 남에게 피해 주지 않고, 국가에서 정해준 규범을 지키면서, 건강하게 이웃과 더불어 열심히 사는 것이, 곧 사회와 국가를 위함이다.

나의 삶은 주기만 다를 뿐이지, 조물주가 만들어 놓은 모든 동물과 식물의 생김이 서로 다르듯, '사람 삶의 흔적 또한 다른 것 같지만, 마지막 가는 길은 같다.' 낙엽처럼 흔적 없이 사라진다.

나는 다리 아프게 공원을 몇 바퀴 돌면서 삶의 끝자락을 어떻게 장식할까. 생각했지만, 나를 위해 열심히 살다가 낙엽 따라 삶을 마무리하는 게 가장 아름답게 이름을 남기는 일이라 마음을 다져 본다.

2021. 11. 16.

사람은 쉽게 변하지 않는다

남편은 양말이나 내복 따위를 항상 사용 후에 뒤집어 벗어 놓는다. 결혼 초부터 지금까지 변함이 없다. '양말을 바르게 벗어 놓으라' 귀에 딱지가 붙게 잔소리를 끊임없이 해도 변함없이 뒤집어 놓는다. 처음에는 뒤집힌 더러운 양말을 바르게 뒤집어서 세탁해 주었다.

그 뒤로 나는 잔소리도 지쳐서 뒤집힌 채로 세탁해 준다. 잔소리하지 않으니 다툼도 없다. '바르게 고쳐 신거나 말거나 뒤집어 놓으면 뒤집힌 채 세탁한다.'

나도 버리지 못하는 습관이 있다. 어떤 일을 시작하면, 중단하지 못하는 버릇이다. 몸이 힘들면 쉬었다 해도 될 터인데, 꼭 밤을 새워서라도 끝을 맺으려 한다. 일이 끝나고 나면, 몸이 아픈 체험을 하면서도 고쳐지지 않는다.

"사람의 기질은 쉽게 변하지 않는다."

"사람은 고쳐 쓰지 못한다."

이런 훈육은 어릴 때 어머니가 늘 하신 말씀이다.

그래서 나는 '주변 사람들이 바뀌지 않는다' 푸념하지 않는다. 당장 나를 바꾸는 일도 얼마나 힘든 일인지. 나 하나도 바꾸지 못하면서, 타인의 변화를 바라는 건 무리이다. 생각해 보면 쉽게 변하는 건 없는 것 같다. 변화는 이토록 힘든 일이다.

미국의 심리학자 윌리엄 제임스의 「석고 가설」에 이런 말이 있다.

"사람의 성격은 5세 이전에 이미 많은 부분이 형성된다. 20~30세가 되면 어떤 개인이 가지고 있는 고착된 고정관념은 쉽게 바뀌지 않는다. 인성이 석고처럼 굳어져 절대 다시 부드러워지지 않는다."

우리 속담에도 비슷한 말이 있다.

"세 살 버릇 여든 간다."

"오늘 일을 내일로 미루면, 내일의 일이 감당하기 힘들게 늘어난다."

"어릴 때 들인 나쁜 습관은, 커서 고치기 힘들다."

그러나 가끔은 변하는 사람도 있다. 지나온 세월을 돌아보게 만드는 엄청난 충격과 일생을 바치고 싶은 너무 간절한 꿈의 발견과 같은 것들이 있다면, 무의식을 통제하기로 마음먹는다. 이런 것들이 결정적 계기가 되어 변하는 이들도 있다. 다만 이 경우에는 진심으로 강화하여 스스로 결심하고, 행동을 변화시키는 무의식 속의 작은 악습관을 극복한 경우다.

이 작은 무의식 속의 버릇을 고치는데 커다란 결심을 갖지 않으면, 분명히 버릇이 내 발전을 방해한다. 무의식적으로 어떤 행동을 할 때마다, 잠시 멈추고 생각해 보자.

'더 나쁜 습관들이 무의식 속에 남아 있는 것인가. 내가 무의식에 지배당하고 있는 것이 아닌지. 관성 속에서 살아가고 있는 것이 아닌지' 생각해 본다.

끊임없이 새로운 정보를 받아들여, 예전의 잘못 알고 있던 습관이나 지식들을 수정하고 통제하며, 좋은 습관을 많이 만들어 나가도록 노력해서 나쁜 습관을 스스로 고쳐야겠다.

2021. 11. 23.

산 자와의 이별

S님과의 만남은 1979년 2학년 담임을 맡은 해이다.

20개 반이 한 주는 오전반, 한 주는 오후반으로 나누어 수업했다. 저학년은 오전 오후반이 가능하지만, 4학년이 넘으면 수업시간이 많아서 오전 오후반을 할 수 없다. 그래서 4학년 이상의 담임 맡기를 교사들은 원했다. 교실이 없어 교재 만든다든가, 아니면 수업안을 쓴다든가, 연구 활동할 곳이 없어 힘들었다.

지금은 특별활동 교실이 많지만, 그때는 교실이 없어 운동장 한 귀퉁이 아동 대기 장소에서 모여, 교재 연구를 하는 등 많은 협의를 하였다.

그 어려운 가운데 힘을 합쳐 일하면서, 동학년 교사들과 정이 많이 들었다. 그 학년의 학기가 끝나는 2월에 20명의 교사는 모임을 만들었다. 고향도, 대학도, 나이도, 서로 다르지만 같은 일을 하면서 정이 들어서 모임이 만들어졌다.

그 모임을 이끌며 심부름하던 총명한 총무도 나이가 70을 넘어가더니 기억도 흐려지고 눈도 어두워져 자기가 써 놓은 글도 잊고, 또 나이 많던 큰 언니 역할을 하던 분도 90이 넘어 거동도 힘들어 갔다. 42년 전에 20명이 시작한 모임이 외국으로 지방으로 병환으로 탈퇴하게 되었다. 그래서 6명밖에 남지 않았다. 그 6명 중 이동을 제대로 할 수 있는 사람은 3명밖에 없었다.

'세월 앞에 장사가 없다' 했으나 내가 몸소 겪으며 실감하니, 마음이 서글펐다.

"아무래도 S님을 오래 못 볼 것 같아요."

나는 급한 전갈을 받고 달려갔다. 며칠 전까지 나에게 밑반찬을 만들어서, 산속의 집까지 보내주셨다. '급한 일을 해 놓고 찾아뵈려고 맘을 먹고 있었는데, 뵙지 못하고 보내면 어쩌나.' 내 마음의 슬픔이 가슴 한가운데에서 올라오고 있었다. 엄마처럼, 큰 언니처럼 늘 나를 보살펴 주신 분이다.

급하게 현관문을 들어서니 방에 누워계셨다. 나를 본 S님은 기어서 내 곁에 오려고 애를 쓰시고 계셨다. 몸이 아파 거동도 힘들어하셨다.

"손가락은 좀 어때. 얼마나 놀라고 아팠을까."

S님의 눈에는 나를 향해 안타까운 모습으로 눈에는 눈물이 그렁그렁했다.

나는 눈물을 참으며 답했다.

"다 낫어요. 이젠 아무렇지도 않아요. 지금 의술이 얼마나 좋은데요."

S님의 사랑은, 어찌 이리 깊은가. 나도 마음의 사랑이 있었나. 생각하니, 감사의 눈물이 가슴속 깊이 촉촉이 젖어오고 있었다. 나는 얼른 분위기를 바꿔보려고 나의 손주들 때문에 힘들었던 얘기를 주저리주저리 말하기 시작했다.

학교 생활할 때의 추억을 말하기도 했다. 지금은 각 학교에 강당이 있어 체육 시간이 돌아오면 강당에서 하는데, 70년대는 우천시에는 타 교과로 대치하여 수업했다. 그럴 때는 아동들의 불만이 많았다. 그러나 교사들은 비 맞으며 운동장에서 체육 수업하는 경우는 없었다. 그러나 S님은 아동들을 데리고 교실 처마 밑이라도 가서 체육 시간을 보냈다.

S님은 일제시대 일본인 교사의 교육을 받으신 분이라 시간을 철저히 지키는 분이셨다.

학부모들은 비를 맞으며 수업해서 '감기 걸리게 했다'고, 교장실로 항의 전화를 해댔다. 나는 이런저런 재미있었던 옛이야기를 하면서 분위기를 바꿨다.

항상 젊은 교사들의 롤모델로 등대와 같이 우뚝 서 있는 모습이었다. 거친 파도와 같은 인생길에서 앞길을 비춰 주는 아름다운 인연이었고, 사랑의 향기가 있는 사람이었다. 성격도, 모습도, 오랜 비바람에도, 꺾이지 않을 것 같았는데 나이 듦에 조금씩 몸이 사그라지고 있었다.

헤어지는데 S님이 나를 붙잡고 우셨다. 나는 부와 명예를 다

버린다 해도, 건강하게 아무 고통 없이 마지막까지 좋은 기억 가지고, 더 오래 살게 해 달라고 신에게 빌었다. 사랑이 있는 곳에 신의 가호가 있기를 간절히 빌며 이별했다.

산 자와의 이별이, 죽은 자와 이별보다, 더 마음이 아팠다. 계절이 지나가도 늘 그리움으로 남을 것이다.

'자주 찾아뵙겠다'는 말을 허공에 던지면서 낙엽길을 터벅터벅 '인생의 무상함'을 느끼면서 걸었다.

2021. 11. 30.

청춘을 고집하는 남편

남편이 귀농한 지 13년이 넘었다.

그런데 2년 전부터 농사일을 힘들어한다. 남들과 같이 제초작업도, 병충해에 따른 발 빠른 대처를 못해 수확량도 점점 줄고 힘겨워한다. '아휴 힘들어'를 입에 달고 산다. 그럴 때마다 '당신 보고 농사 지으라고 했어' 하며, 퉁생이를 준다.

남편이 종합청사에 출근할 때 '숨이 막혀 못 살겠다'며 물설고 낯선 충청도 산을 매입하여 토요일 오후에 내려가 일요일 밤차로 올라오면서 나무를 가꾼 지 37년이 되었다. 실패하기도 했다. 퇴임하면서 본격적으로 농사를 짓기 시작했는데 아직도 농사일을 못 놓고 있다.

"나무를 심고 가꾸는 일이 너무 재미있고 행복하다."

그 재미가 80을 바라보고 있으면서도 놓지를 못하고 있다. 어제의 나이가 오늘의 나이가 아닌데도 농사를 그만할 생각이 없다. 홀로 힘이 들면 나에게 지원을 은근히 바라고 있어 나로서는 이런 고역이 없다. 나는 '이번이 마지막이야' 하는 말을 수없이 했지만, 해마다 노력 봉사를 하며 지원했다.

그런데 일주일 일을 해 주면, 2주일은 아파서 앓는다. 서울에 돌아오면 병원에 다니느라 바쁘다. 올해는 시골에서 한의원에 다니며 약침을 맞으면서 도와주고 올라왔다. 나도 나이가 늘면서 못 도와준다고 '하소연'한다. 그럴 때마다 '혼자 한다' 말하지만, 막상 추수 계절이 돌아오면 혼자 할 수 없는 지경에 이른다.

나는 남편에게 이장에게 말하여 '도지를 받고 세를 놓자' 말했다.

며칠 후 남편은 말한다. '3정보의 밤 산을 백만 원을 주겠다' 한다고. '백만 원을 받느니 그냥 버려야겠다' 한다. 그러면서 '너나 할 것 없이 다 늙은 사람뿐이라 밤 줍는 농사일을 하겠다는 사람이 없다' 한다.

"그냥 내가 지어야겠어."

"하단에 심은 호두나무만 망가뜨릴 것 같아."

나는 남편의 나무 가꾸는 일을 좋아하는 것은 안다. 그러나 혼자 감당하기엔 너무 힘들어한다. 나는 도와줄 힘도, 재미도 없고, 일에 지치면 화가 난다.

37년의 세월 동안 산을 개간하여 나무를 심고 가꾸는 작업이 보통 힘든 작업이 아니었다.

평지만 있는 것이 아니고 비탈까지 있는 산에, 나무 정지작업, 제초작업, 거름주기 등으로 모든 청춘을 바쳤다.

남편도 늙어서 혼자 감당을 못한다. 늙어가는 남편 모습에 서글픈 생각이 들었다.

사람은 자기의 의지대로 살고 싶어도 육신이 늙어감에 힘이 부족하다. 몸이 마음대로 움직이지 않음이 안타깝다. 청춘은 나도 모르는 사이 세월이란 흐름 속에 흘러가 버린다. 나는 남편이 나이 듦에 순종하며 일을 그만하고, 남은 세월 건강하게 살았으면 좋겠다.

2021. 12. 7.

내 삶의 길

한 해가 저물어 간다. 삶의 길은 저마다 자기 자신이 걸어가야 한다. 누구도 대신해 줄 수 없다. 저마다 삶의 출발과 다양함 속에서 인생이란 낯설고, 어설픈 무대에서 첫발을 내딛는 순간부터 알 수 없는 질문과 싸워 가야 한다. 살면서 동시에 성장해 가는 것은 물론이고, 삶을 진지하게 체험해 간다.

나의 삶은 나 자신이 스스로 책임을 질 수밖에 없다.

나는 늘 현재를 놓친다. 과거를 생각하다 현재를 놓치고, 미래를 걱정하느라 또 현재를 놓친다. 행복이란 어디서 뚝 떨어져 내게 오는 게 아니라, 지금 이 시간에 집중해서 최선을 다할 때 그 하루하루가 쌓여 행복한 미래가 되는 것이다.

현실을 떠나 과거의 기억이나 그 영광의 순간들에만 머물 수 없다. 현실에 눈을 감고 이미 지나버린 시간 속에만 머물러 있고, 반대로 너무나 힘들었던 지난날들을 완전히 지워버리고 싶을 만큼 몸부림치며 미래로 달려가야 한다.

법정 스님은 이렇게 말했다.

"순간순간의 연장이 한 생애이기 때문에 하루하루를 자기 생애의 최후의 날인 것처럼 살아라."

행복은 기준이 없다. 삶은 어차피 영원한 시작이요. 지나가야 할 과정이다. 내 삶은 내가 선택하고 결연한 의지력으로 되는 것이지, 누가 대신해서 해 줄 수 없다.

지난 마음속에 저미는 아픔과 고통이 있었지만, 고통도 마음과 육신에, 하루하루 세월에 실려 흘려내고 잊기도 한다. 나는 흐르는 세월과 함께 나이를 먹어가며 병들고, 지치고, 기력이 점점 약해져 가고 있다. 너무 욕심내며 현세의 삶에 깊이 사로잡히는 날들이 되지 않도록 한다.

겸허한 마음으로 하루하루를 정리해 나가려는 순수한 의지는, 내면에서 다양하게 흩어지는 마음을 추스르는 것이다. 거울 속의 겉에 비추어지는 모습보다, 그 안에 담긴 마음과 영혼으로 단 하루의 만족과 여유로운 행복을 얻을 수 있도록 해야 한다.

육신과 달리 오히려 정신과 영혼이 더욱 젊어지는 방법은 나의 삶을 깨어 살펴 나가는 지혜일 것이다. 나 스스로 목표를 정해 씨앗을 뿌려, 뿌린 씨앗은 나 자신이 스스로 거두는데 차질이 없도록 노력하는 삶을 살아야 한다. 삶은 누구나 일회용이기 때문이다.

다가오는 새해는, 나의 의지로 삶을 새롭게 하고, 그 가치를 드높이는 일이 나에게 주어진 삶의 목표이다. 누구든 마음을 줄 수 있고, 선한 눈으로 세상을 바라보며, 남은 인생은 원하는 사람끼리, 삶의 잔잔한 기쁨의 대화를 서로 나누며, 더불어 살도록 다짐해 본다.

2021. 12. 14.

이승에 없을 뻔한 입학식

"엄마, 병원이에요."

임신 27주에 태국으로 태교 여행을 간 셋째 딸에게 온 전화다. 전화를 받고, 다리는 후들후들 떨리는데 쫓아갈 수 없었다. 마음이 쿵! 하고 내려앉아 허둥대고 있는데 사위한테 전화가 왔다.

"어머니, 태국 종합병원에서 응급처치받고, 내일 첫 비행기에 간호사를 동행시켜 한국에 옵니다."

내 삶에 이렇게 하늘이 무너지는 듯한 일은 처음이다. 뜬눈으로 날밤 새우며 날이 밝기를 기다렸다.

사위는 태국의 딸 소식을 듣고, 우리나라에서 들어간 산부인과 의사를 물색하였다. 마침 J병원 산부인과 Y 과장이 학회를 위해 태국에 있다는 소식을 들었다. 그 의사에게 SOS로 연락했다. 딸을 태국 종합병원으로 가도록 했다. 딸이 그곳에 가자마자 그 의사에게 응급으로 처치를 받았다.

날이 밝자, 태국 병원 응급차에 싣고 공항으로 갔다. 첫 비행기로 간호사의 보호를 받으며 누워서 무사히 인천공항에 도착하였다. 공항에 응급차를 대기시켜 놓았다가 J병원으로 달려왔다. 007작전에 버금가는 일을 한국에서 사위가 진두지휘하여, 내 딸과 태아가 무사히 한국에 도착했다. 나는 J병원으로 달려가 딸의 손을 잡고 감격의 눈물을 흘렸다.

'아기가 유산기가 있어 먼저 처치했다.' 딸과 나, 사위는 사투를 벌이며 태아를 지키기 위해 애를 썼다.

태국에서 양수가 터져서 흐르고 있었기 때문에, 한국에서도 양수를 멈추게 하려고 애를 썼지만, 한국에서 2일 만에 아기는 힘없이 저절로 흘러나왔다.

890g의 미성숙 아기로 세상에 나왔다. 나와 딸은 손을 잡고 울었다. 이런 미완성의 미숙아를 살릴 수 있을지. 아무리 생각해도 정상적인 아이로 키울 수 없을 것 같았다. 나는 딸에게 아깝고 아프겠지만, 아기를 포기하라 말했다. 아기가 자란다 해도 저능아로 자라면, 평생 아기와 딸이 어떻게 살 것이며, 사회에서 살아가는 게 더 힘들다. 나는 사위가 퇴근하기를 기다렸다가, 딸에게 했던 생각을 사위에게 말했다.

"어머니가 살인자 되실래요. 저는 그렇게 못합니다. 저는 어떤 결과가 온다 해도 포기하지 못합니다."

사위의 단호한 결의 있는 얘기를 듣고, 나는 정신이 번쩍 들었다.

"그래, 해 보자."

아기를 낳기만 하는 J병원에서, 치료가 가능한 S대학병원에 응급차로 옮겨와 이곳 소아병동에서 치료를 시작했다.

치료 중에 몇 번의 생과 사의 사투를 벌이면서 마음 졸이게 하였다. 고비마다 눈물로 손녀가 '건강하게 잘 자라게 해 달라' 기도하였다.

S대학병원에서 75일간의 치료를 받다 보니 1.8kg 성장하였다.

한 품도 안 되는 아기를 안고 퇴원하는 날, 나는 하늘을 올려보며, '내가 큰 죄인이 될 뻔했어요. 열심히 잘 키우겠습니다. 감사합니다! 감사합니다!'를 끊임없이 되뇌며 퇴원했다. 난 온누리에 감사함을 외치고 싶었다.

처음에는 만질 곳도 없이 작았지만, 칠삭둥이 손녀딸은 쑥쑥 잘 자라주었고, 키도 훌쩍 자랐다.

초등학교 입학식 날, 줄 서 있는 모습이 대견스러워 눈물이 계속 흘러나왔다. 키도 같은 반 친구들과 비교해 봐도 작지 않았다,

내가 사 준 핑크빛 가방을 메고 현관을 나서는 뒷모습을 바라보며, '이제 조그마한 배 한 척을 노도와 같은 바다에 처음 띄웠습니다. 사랑의 꽃이 가득 피어 나는 화사한 봄날에, 건강한 꽃향기를 품은 손녀딸의 앞날에, 모든 축복이 있기를 두 손 모아 빌어 봅니다.' 무럭무럭 잘 자라주어서 고맙고. 또 모든 의료진과 신령님께 '감사드립니다.'

『문학의 강』 2021. 겨울호.

돋보기

나이가 들어감에 따라, 온 세상이 무채색으로 변해가고 있다.

햇빛에 반사한 빛의 물결도 황금빛으로 변하여 아름다웠고, 집 안 구석구석 쌓여가는 먼지도 보이지 않아 게으른 늙은 아낙은 시간을 보내기 어려움이 없다.

무료한 시간을 보내기엔 너무 아까워 독서를 시작하려니 글자가 흐릿하게 보이고, 작은 글자는 아예 보이지 않았다. 안과에 가서 진료해보니, 왼쪽은 시력은 0.8이고, 오른쪽은 0.4의 시력이 나왔다. 눈에 맞게 돋보기안경을 맞췄다.

한 3년을 아무 탈 없이 책도 읽고 글을 쓴다고 컴퓨터 자판을 두드리며 살았다. 내 안에 무지개도 끌어내고 추억도 반추하며 나를 생각하고 정리하며 나를 성숙시키고 있었다. 또 글을 쓰며 내 인생의 정리를 하는 자세로 살아가고 있다.

며칠 전에 내 돋보기안경이 점점 희미해지기 시작하였다. 나는 딸에게 '옛날 학교 과학실에서 쓰던 손잡이가 달린 큰 외알박이 돋보기를 사 달라' 주문했다.

복잡한 획이 많은 한자를 보려면, 획이 보이지 않아 애먹었는데, 돋보기를 대고 보니 아무리 복잡한 획도 잘 보였다. 작은 글자의 책은 덮어버리고 읽지 않던 책도 돋보기를 대고 읽으니, 크게 잘 보여 기분이 좋았다. 작은 글씨의 책을 읽을 때도 돋보기를 대고 독서한다.

아침에 눈을 뜨면 돋보기를 들고 꽃봉오리부터 관찰을 시작한다. 딸이 사 준 돋보기로 여기저기 비춰 보며 하루의 일과를 시작하는 재미가 쏠쏠하다. 돋보기만 있으면 온 세상이 커다란 우주가 되어 요술처럼 펼쳐졌다.

교사 시절 과학실에서 아이들과 함께 양파를 분해하여 세포를 관찰하던 모습도 더듬어 본다. 6명이 한 조가 되어 커다란 테이블에 둘러앉아 현미경 한 대와 돋보기로, 양파 속껍질을 관찰하노라면 '선생님, 꼭 거미줄 같아요' 하며 재잘거리던 모습 '얘 혼자 현미경을 차지하고 있어요' 하는 소리가 돋보기 속에서 흘러나오고 있다.

돋보기는 글자만 확대해서 보이는 게 아니라, 아이들의 재잘거림까지 흘러나오고 추억도 떠오른다. 나는 돋보기를 집어 들고 여기저기 들이대며 즐거운 하루를 시작한다.

새해에는 돋보기를 통해 저무는 햇살 속으로 커다란 빛을 찾아, 아름다운 기억만 모아 기쁨과 희망을 담는 글을 쓰는데, 배를 띄우고 싶다.

2022. 1. 4.

사랑의 털장갑

"엄마, 손가락 아픈데 이 장갑 끼고 다니세요."

전래동화 「해와 달이 된 오누이」가 생각났다.

"떡 하나 주면 안 잡아먹지."

큰딸이 내민 장갑은, 문득 호랑이가 엄마 옷을 입고 문틈으로 오누이한테, 털이 보숭보숭하게 달린 장갑 낀 손을 내민 손에 가까운 털이었다.

"싫어, 너나 껴."

"엄마, 이 장갑은 너무 더워서 땀이 나서 못 끼겠어요."

일 년 전에 잘린 손가락이 기온이 내려가면, 아직도 아리고 절여서 장갑을 끼고 손을 외투 속 깊이 넣어 다니고 있다. 엄마를 안타깝게 생각하고 있는 것을 나는 안다.

큰딸은 세 딸의 맏이이고, 남동생의 큰 누나다. 자식이 아롱이 다롱이라고 어른들은 말하지만, 우리집 큰딸은 힘이 들거나 아파도, 전혀 내색하지 않고, 참고 견디는 성격이다. 맹장에 걸려 수술 직전까지 갔는데도 혼자 끙끙 몰래 앓고 있어 내 가슴을 아프게 했던 딸이다. 그래서 엄마인 나는 큰딸의 어려운 일이 무엇일까? 살펴보곤 하였다.

맞벌이하면서 큰딸의 도움을 많이 받았다. 동생들이 학원 가는 일 등을 보살피며 함께 데리고 다니는 등, 맏이인 딸에게 엄마로서 미안하고, 고마운 점이 많았다.

성장해서는 동생들의 사회 활동, 심지어는 부모의 생일까지도 진두지휘하면서 효도하게끔 말없이 실행한다. 엄마인 나보다 속이 깊은 딸이다. 어떤 때는 큰딸이 부모 같고, 부모가 자식 같은 느낌을 받을 때도 있다.

나는 두꺼운 털장갑을 끼고 팔을 휘두르며 걸었다. 딸의 사랑까지 듬뿍 들어서 주머니에 손을 넣지 않아도 손이 시리거나 저리지 않아 좋았다. 큰 효도는 아니지만, 작은 것도 섬세하게 엄마의 아픈 곳을 찾아서 살펴주는 큰딸에게 고마웠다. 나는 딸의 아름다운 마음이 보태져 기분까지 좋았다.

종갓집 며느리로 시집와서 세 딸을 낳고, 아들 낳기를 기다리는 시집에 늘 불평 아닌 불만이 많았었다. 시댁 도움 없이, 맞벌이하면서 네 아이를 키우는 현실에 항상 남편에게 불만을 토로하곤 하였다.

나는 '내가 낳은 자식을 입히고 공부 가르쳐야 한다'는 일념만으로, 나름 아이들을 열심히 키웠다. 그러나 큰딸의 작은 세세한 감정을 살피지 못했다.

내 자식들이 자라면서 상처를 받으면서 자라지는 않았는지? 주머니에 손을 찔러 넣지 않아도 되는 털이 보숭보숭한 장갑을 끼고, 옛날을 되짚으며 집을 향해 씩씩하게 걸었다.

효도와 사랑이 듬뿍 담긴 장갑이 따뜻하여, 추운 겨울의 엄동설한도 걱정 없이 지나갈 것이다. 열심히 너희들을 키웠지만, 엄마의 사랑이 항상 부족했을 터인데, 고맙게 잘 커 주어서 감사하다.

2022. 1. 11.

겉과 속이 다른 유도화

"엄마, 큰 꽃 도매시장을 알아냈어요."

큰딸이 흥분된 목소리로 전화하였다.

"그럼 같이 가서 꽃나무를 사자."

지난해 4월 하순에 큰딸이 왔다. 양재 꽃시장도 어마어마하게 큰데, 내곡동 꽃시장은 몇 배로 더 컸다. 나는 이곳저곳을 돌아다니면서 내가 좋아하는 꽃의 화분과 몇 개의 이름 모를 화분을 욕심껏 골랐다. 딸은 내가 골라 놓은 꽃 화분을 연신 차에 싣고, 나는 고르기를 여러 번 한 후 집에 싣고 왔다. 시골 노지에 심을 것은 트렁크에서 꺼내지 않았다.

그중 시골에 심을 묘목으로는 너무 작고 여리게 생긴 나무 하나를 이리저리 살핀 다음 집 거실에 가져다 놓고 키웠다. 시골 풀밭에서 자라다 풀숲에 끼어 치어 죽을 것 같기 때문이다.

잎이 버드나무 잎처럼 생겼고 잎맥이 3잎이 나란히 지그재그로 올라가며 자랐다. 두 가지가 회초리처럼 볼품없이 자라고 있었다. 집안에서 키우긴 잎도 볼품없고, 긴 회초리 2개만 꽂아 놓은 형태였다. 봄이 오면 '시골집 마당 끝자락'에 심을 생각을 하고 있었다.

어느 날 물을 주며 회초리 끝자락을 쳐다보니, 한 대는 잎이 자라는 순이 숨어 있고, 큰 회초리 한 대의 끝에 뭉뚝한 무엇이 보였다.

'아! 이게 꽃이 나오는 순일까?'

나는 매일 아침 돋보기를 들고 뭉툭한 끝 순을 쳐다보았다. 일주일이 지나니 꽃봉오리의 형태가 보이기 시작했다. 그다음 2주일에는 완연한 꽃봉오리가 눈에 띄었다. 또 3주가 지나니 봉오리에 붉은색 색깔이 봉오리 끝으로 수줍게 보이기 시작했다.

나는 흥분된 소리로 큰딸에게 사진을 찍어 보내며 물었다.

"K야, 너하고 같이 꽃시장에 가서 회초리 같은 나무 산 거, 그 꽃 이름이 뭐니?"

"엄마가 사 놓고, 엄마가 알지 내가 어떻게 알아요."

오전에 팔이 아파 정형외과에 가서 X레이 사진을 찍고, 주사를 맞고, 약을 타서 집으로 돌아오는 길이었다.

"팔을 너무 많이 사용해서 신경이 늘어났으니 무거운 것은 들지 않도록 조심하세요."

조금 전 병원에서 의사의 당부 말도 맴돌았지만, 오는 길에 꽃의 이름을 알아보기로 마음먹고, 양재 꽃시장에 가는 버스를 탔다.

나는 핸드폰으로 사진을 찍고, 들고 다니면서 양재 꽃시장을 헤매며 꽃가게 주인들한테 사진을 보여주며 물어보았다.

비닐하우스 몇 동을 다녔지만, 아무도 모른다고 한다.

허탈한 마음으로 집을 향해 걷기로 마음먹고, 양재천과 제일 가까운 A동으로 빠져나오는데, 문 앞에 내팽개친 상태의 깨진 화분이 하나가 보였다. 유심히 쳐다보니 집에 있는 나무와 잎맥이 비슷했다.

"이 화분 팔아요?"

"팔아요. 만 원만 내세요."

"이 나무 이름이 뭐예요?"

"유도화예요."

꽃 이름을 알게 되어서, 팔이 아픈 줄도 모르고 들고 왔다. 어떤 모습의 꽃이 숨었는지 마음이 설레어 발걸음도 가벼웠다.

나는 잊을까 얼른 핸드폰에 꽃 이름을 적어 놓고, 이 꽃이 집에 있는 나무와 똑같기를 바라면서 양재천을 걸어 걸어 집으로 왔다.

또 일주일이 지난 아침에 진한 분홍색의 꽃 4송이가 활짝 피었다. 꽃의 지름은 6㎝이고, 모양은 장미꽃 같기도 하고, 복숭아꽃 같기도 했다. 꽃의 향기는 진한 코티 분의 향내를 풍겼다.

신여성이 양산을 쓰고 맘껏 모양을 내고 분 향기를 풍기면서 신작로 길을 걷노라면, 뭇 사내들이 넋을 잃고 쳐다보는 모습이 내 머릿속을 스치고 지나간다.

꽃이 너무 예뻐, 나는 아침에 일어나면 돋보기를 들고 꽃을 살펴보곤 한다.

그런데 유도화의 꽃말은 '방심은 금물'이다. 꽃의 화려함과 향기와 달리, 잎 뿌리 대에 독소가 청산가리 유액의 6000배나 들어 있어서 옛날에는 사약 화살촉에 발라 사냥도 했다고 한다. 여자로 말하면 이 꽃은 꽃뱀 같은 존재이다.

화려한 외모에 홀리고, 꽃향기에 취해, 재산과 목숨까지 잃을 수 있는 사람들에게 알려 줄 만한 꽃이다.

2022. 1. 18.

3

고라니를 이긴 남편

남편은 김장하는 날을 본인의 생일보다 더 좋아한다. 자신이 유기농으로 배추를 심어 자식들에게 먹인다는데 긍지를 느끼는 듯했다.

앗! 내 손가락

내 삶에 가장 고통스런 아픔을 겪었다.

시골집에 내려와 저녁에 골라둔 밤을 기계로 까기 시작하였다. 저장 창고가 고장 나서 남겨둔 밤이 거의 썩고 벌레가 많았다. 성한 것 두 바구니를 골랐다. 그중 한 바구니만 까기로 하였다.

김장 때 밤 까는 기계를 아이들이 사 와서 손자가 밤을 깠다. 그때 김장하면서 힐끗힐끗 봤기 때문에 기계를 다루는 게 약간 두려웠다.

손자가 깠던 기억을 살려, 밤을 까 보았다. 잘 까졌다. 목표한 밤을 다 까고 기분 좋게 정리를 하기로 했다. 전원을 끄고 밤껍질이 나오는 구멍에 껍질이 막혀 있어서 껍질 찌꺼기를 훑어 내기 위해 손을 넣는 순간.

"앗! 내 손가락! 여보, 나 손가락 잘렸어!"

나도 남편도 얼굴이 하얗게 질렸다.

“병원, 병원, 병원 가야 해!”

“119 불러야 해!”

남편은 허둥지둥 119를 불렀다. 119를 타고 천안의 봉합 수술할 수 있는 병원으로 달려갔다.

오후 3시 40분경에 천안 병원에 도착하였다. 내 팔은 만세를 부르는 자세로 오른손은 왼쪽 검지손가락을 꼭 부여잡고 있었다.

고마운 119 요원은 나를 병원에 내려놓고 ‘쾌차를 빕니다’ 하며 떠났다.

나는 두려움과 공포로 몸이 오돌오돌 떨렸고, 아픈 고통은 내 몸이 지옥을 헤매는 것 같았다. 바로 수술을 할 줄 알았는데, 여덟 가지의 검사가 끝난 8시경부터 수술대에 오르게 되었다.

왼쪽 어깨에 마취 주사를 놓고 손가락 수술을 하는데, 의사의 수술기구 달라는 소리와 간호사에게 지시하는 소리가 저 멀리서 들려왔다.

2시간의 수술이 끝나고 회복실에 와 보니, 둘째 딸과 남편이 기다리고 있었다.

남편은 ‘119 구급차를 따라오다 차를 놓쳐 길가에 차를 대고 택시를 타고 왔다’ 한다. 남편의 몰골은 정신이 다 나간 사람처럼 보였다. ‘이젠 수술도 끝났으니 차를 찾아 집에 가서 쉬라’고 남편을 보냈다.

나의 왼팔은 무섭게 동여매어 있었고, 오른팔은 링거에, 무통제 약병, 항생제 약병이 주렁주렁 매달려 양손을 쓸 수 없이 꼼

짝하지 못하게 되었다. 나는 창백한 병실 천장만 올려 보았다.

둘째 딸이 간이침대에 쪼그리고 누워 있는 모습을 보니 딸에 대한 안쓰러움이 들어 마음이 쓰렸다. 손주 2명을 사위에게 맡기고 달려온 마음도 고맙지만, 내가 다치지 않았으면 손주들도 고생을 시키지 않았을 텐데.

나는 내가 왜 다쳤는지 곰곰이 생각했다. 전원은 껐고 밤 까는 원통의 기계도 멈췄었는데 내가 다친 이유를 모르겠다. 밤껍질이 나가는 구멍이 좁아 껍질이 막혀서 그 껍질을 빼내기 위해 손을 넣어 끌어내려 한 것이었다. 그곳 원통 구멍에 날개가 있다면 전원을 껐는데 '관성의 법칙'에 의해서 그게 돌고 있었나. 나는 병상에 누워서 이 궁리 저 궁리를 해 보았다.

링거 주사에 이 약, 저 약을 투입하다 보니 다친 손보다, 안 다친 손이 맹꽁이 배처럼 부풀어 올라 저려 온다. 간호사는 '혈관이 막혀서 다른 곳에 주사를 놓아야 한다'고 내 팔을 두드리고, 때리며, 나를 공포에 밀어 넣는다. 혈관을 못 찾아 바늘을 '찔렀다, 뺐다'를 하며 3~4회씩 쑤셔대니 정말 주사기만 봐도 공포스럽다.

또 나를 괴롭게 하는 것은 하루에 1, 2회 하는 산소 고압 치료실에 들어가는 것이다. 생김새는 죽어서 누워 있는 관처럼 생겼는데 뚜껑의 반은 유리의 원통 모양이다. 그곳에 들어가서 한 시간 누워 있는데 50분쯤 지나면 숨쉬기가 괴로워진다. '이런 게 폐쇄공포증(閉鎖恐怖症)인가?' 하는 생각이 들어 괴롭다.

매일매일 치료실에서 손가락 치료를 받는데 '더 욱신거리고 쑤신다'고 의사한테 말하니 '염증이 생기면 손에 괴사가 생길 수 있으니 피 검사를 다시 해 봐서 항생제 단위를 높인다' 한다. 그 후 항생제가 더 센 것이 팔에 들어가기 시작했다.

'염증이 잡히지 않으면 퇴원이 늦어진다' 해서, 조바심을 떨쳐내고 빨리 퇴원하려고 마음을 편하게 먹기로 했다. '더 크게 다치지 않은 것을 감사하자' 나는 의도적으로 주문 외우듯 반복하며 웅얼거렸다.

딸이 책 한 권을 사다 주어서 독서하며 느긋하게 지냈다.

링거를 빼고, 한 손을 움직일 때 딸을 보냈다. 나의 부주의로 모든 가족을 불편하게 했다.

입원 17일 만에 퇴원하여 서울 병원에서 통원 치료를 받았다.

옛 선조들 말씀 중에 '바쁠수록 돌아서 가라'는 말을 생각하며, 이렇게라도 나를 반추(反芻)할 기회를 만들어 본다.

내게 가장 아픈 육신의 고통이었지만, 물리 치료를 열심히 하여 점차 나을 수 있도록 여러 가지 치료 기구들을 사 들고 온 자녀들에게 감사하는 마음을 갖는다.

나도 이젠 느긋하게 인생을 살아가마. 사랑한다. 나의 자녀들아.

2022. 1. 25.

추억의 동네 오빠

초등학교 운동장 바로 옆에 집이 있어서, 초등학교를 가깝게 다녔다. 방과 후 운동장에서 줄넘기와 술래잡기, 자치기를 하며 놀았다.

중학교에 들어가니 동네에서 신작로도 걷고, 꾸불꾸불한 산모퉁이를 돌아, 왕복 삼십 리 길의 먼 길을 걸어 다녔다. 동네에서 중학교에 간 여자 친구는 나를 포함 2명이었다. 나는 친구와 빨리 가는 지름길을 찾아서 걷기로 하였다. 그 산길을 택하여 가면 왕복 40분은 단축되었다. 그러나 그 길은 여자 2명이 걷긴 무서운 산길이었다.

우리집 윗집에 사는 2년 선배인 오빠가 같이 가 주기로 하여, 우리 셋은 즐겁게 등하교를 하였다. 서오릉의 경릉(敬陵, 추존 덕종과 소혜왕후 한씨의 능)을 왼쪽으로 끼고 산을 오르면, 밑으로 홍릉(弘陵, 제21대 영조의 첫 번째 왕비 정성왕후 서씨의 능) 쪽으로 내려와서

산비탈을 여러 번 타고 성황당 아랫동네로 내려가는 길이다.

우리의 등, 하굣길은 등산이라 할 수 있다. 내리막길을 힘차게 달리면, 어머니가 싸 준 도시락은 항상 비빔밥이 되어 있었다. 하굣길에 배가 고프면 동네 오빠가 벚나무 위로 올라가 나뭇가지를 흔들면 까만 작은 흑 진주알이 우수수 떨어졌다. 우리는 빈 도시락을 꺼내 풀숲에 떨어진 버찌를 주워 담으면서 입이 까맣도록 집어 먹었다.

그러나 아버지의 전근으로 나는 둘째 오빠와 남동생과 함께 서대문구 영천이라는 곳으로 이사 가서 자취를 시작했다.

즐거웠던 추억도, 도시로 이사를 온 후로 끝이 났다.

얼마 후 친구가 말했다. 홍릉에서 경릉으로 넘어오는데 어느 학교가 소풍을 왔단다. 그 학교 학생주임인지, 한 교사가 '호루라기'를 불면서 야단을 쳤다.

"학생, 이리 와! 여기 무릎을 꿇고 앉아 있어!"

한참을 무릎 꿇고 앉아 있는데, 서오릉을 관리하는 동네 청년이 이 모습을 보았다.

"너희들, 이건 뭐지."

"학교에서 돌아오는 길인데, 저 선생님이 이러고 있으라네요."

'불량 학생 남녀가 능에서 놀고 있다' 생각한 교사가 훈육으로 벌을 서게 한 듯하다.

그 먼 길을 돌아 하교하는 것도 모르고, 남녀가 능에서 놀고 있는 학생으로 알았나 보다.

나는 그 소리를 듣고 얼마나 웃었는지, 지금도 그 생각하면 혼자 웃음이 난다. 그 친구는 황당했겠지만, 나는 나의 학창 시절의 가장 재미있는 이야깃거리로 남아 있다.

다정하고 착했던 동네 오빠는 '목회자가 되었다' 했다.

눈을 감으면, 어제의 그리움이, 오늘 새롭고 더 간절하게, 언제나 가슴이 풍요롭게 한다. 들꽃이 피어 있는 산길을 걸으며 초록색 꿈에 뒤덮여 있는 산천에, 뻐꾸기 자지러질 듯 울어대는 소리가 들려오는 듯하다.

나이가 들면서 추억의 나이테는 더 선명하게 영원히 추억을 떠나지 못하고, 남몰래 잊을 수 없는 일들이 주마등이 되어 한 장의 필름으로 되돌리고 있다.

2022. 2. 8.

문화가 다른 삶

나는 TV 채널을 이리저리 돌리다 한 곳에 멈추었다. 다문화 가정에서 일어나는 현실을 비춰 보였다.

어느 홀아비가 외국인 아내를 맞이해서 시골 농촌에서 살아가는 모습이다.

홀아비의 아들과 아내의 나이가 같았다. 그 아들은 딸이 두 명 있었는데 이혼하여 두 딸을 외국인 시어머니께 맡긴 상황이다. 그 외국인 아내는 아기를 낳아 보지 못하고, 할머니가 되어서 손녀딸들을 육아하며 학교에 보내고 있었다. 남편을 늙어서 머리는 하얗고, 손녀들이 엄마라 해도 될 정도로 젊은 할머니 여자였다.

나는 그 상황을 보고 마음이 착잡하여 내 주변의 외국인 며느리들의 생활이 떠올랐다.

한 예로, 내 친구는 남동생의 아내 될 사람을 중국의 어느 산골에 가서 골라 동생을 결혼시켰다. 인권도 뭐도 없이 돈을 주고 데리고 왔다. 그 결과 아들이 다섯 살 되던 해에, '야밤에 도망 갔다'고, 모임에 아이를 데리고 나왔었다.

또 한 예는, 남편 친구 이야기로, 아들이 교통사고로 다리를 다쳐 몇 번의 수술과 투병 생활을 했다. 아들이 다리를 절뚝여서 한국 여자와 결혼을 못 시켰다. 할 수 없어 외국인과 결혼을 시켰다. 거기에는 '조건이 붙었다' 했다. '매월 50만 원씩 주기로 하여 자신의 연금에서 준다' 했다.

모든 결혼은 사랑이 먼저인데 사랑 없이 돈으로 결혼한 삶이 얼마나 행복할까. '죽자사자 사랑했어도 안 산다, 못 산다' 하는데 어디서부터 잘못된 것인지 마음이 혼란스러웠다.

다문화는 다인종, 다민족, 다언어를 포괄하고 있는 용어이다.

이질적인 문화에 대한, 국민이 겪게 될 문화적 충돌과 국제결혼으로 태어난 혼혈아가 결혼과 출산을 반복하면서 혼혈 3~4대로 이어간다. 단일 민족으로 살아온 탓에 다른 피부색에 익숙하지 못한 국민에 대한 정제(精製)되지 못한, 극소수의 편린(片鱗)을 문제 삼아 인종차별이며, 주장하는 인권 문제, 그리고 사회적응 문제 등의 제반 문제가 제기되고 있다.

다문화 정책은 국가 안보의 관점에서 장차 국가의 존폐 위기를 가져올 재앙을 준비하는 것과 같다.

이민자들로 이뤄진 미국, 캐나다, 호주, 중국 등 대륙 국가들은 광대한 영토를 가진 국가로서, 다른 문화는 문제 될 것이 비교적 없다. 중국 같은 경우는 56개의 소수 민족에게 자치권을 준들 전체 인구의 2%가 되지 않는다.

우리나라의 경우 저출산으로 노동력이 저하되었고, 농촌은 고령화되어 노동력을 확보하기 위해, 남녀 성비의 불균형이 초래되었다. 국제결혼 비율이 10%를 상회하고 있다. (통계청 국제결혼 통계) 노동 현장에서는 140만 명의 유입으로 노동력을 대신한다.

정부가 다문화 정책을 추진하게 된 배경은 인구 문제를 근간으로 하여 이들 외국인의 노동력, 결혼이민자 등의 현안문제를 해결하고자 하여 성립된 것이라 했다.

우리 한민족은 건국 초기부터 서기 2022년 단기 4355년의 민족 중 외세와의 지난(至難)한 투쟁을 통해 우리 민족의 피와 땀과 눈물의 희생과 헌신을 통해 국토와 민족을 보존해 온 국가이다.

그러나 한국에서 돈을 벌어 가겠다고 입국한 외국인이 국가가 위기에 처했을 때 그들이 헌신과 희생을 통해 목숨을 바쳐 이 조국을 지켜줄 것인가 묻지 않을 수 없다.

2022. 2. 15.

동토에도 봄은 온다

코로나19가 세상을 다 덮어버렸다. 사회적 분위기는 사람 하나하나를 칩거 생활로 몰고 가고 있다. 하루의 코로나 확진자가 일만여 명이 넘었다고 매스컴에서 떠들어 댄다. 선한 백성들이 밖에 나가면 큰일이라도 닥쳐올 것처럼 수선스럽다.

K방역으로 우수한 대처를 했다고 자랑질할 때는 믿었다. 환자가 100배 넘게 생기니, '병실이 없으니 각자 치료하며 해결하란다.' 막상 코로나에 걸린 환자가 어찌할 줄을 모르고 허둥대는 모습이 안타깝다. 그 많은 의료비는 말도 없이 거두어 갔다.

숨 막힐 것같이 답답하여 양재천에 나갔다. 쌀쌀한 바람이 가슴 속을 후벼 파며 들어 온다. 물가의 갈대와 억새 잎이 흰머리를 풀어 놓고 '사각사각' 울부짖으며, 바람에 온몸을 흔들어 대고 있다. 우수를 보내고 경칩을 열흘 앞둔 동토의 끝자락은 한 치의 양보도 없이, 찬 바람을 휘날리고 있다. 나는 두꺼운 점퍼의 모자를 뒤집어쓰고, 장갑 낀 손을 주머니에 꾸겨 넣는다.

그 추위 속에도 오리 떼들은 찬 냇물을 거슬러 오르며 빠른 걸음으로 헤엄치며 먹이를 찾고 있다. 생존을 위해 숨 가쁘게 다리로 바닥까지 휘젓고 있다. 그 가운데 버드나무 잎은 푸른색을 내비치며 봄을 기다리고 있다. 삭풍 몰아치는 찬 바람 앞에 늠름히 버티고, 눈발에 세월의 무게를 지고 의연히 서 있다. 기다림이란 희망과 꿈이 있는 먼 하늘에서 눈바람이 휘날리는 아늑한 봄 소리에 귀를 기울이고 있었나 보다.

세상 밖에 나오기 전부터 혹독한 시련을 겪은 탓인지 더 한층 생명력을 돋보이고 있다.

나도 바람 부는 대로 마음 닿는 대로 살아왔지만, 세상만사 어디 내 마음과 같던가. 값없이 떠내버린 시간을 다시 되돌리고 싶다. 이리저리 흔들리지 않고 피는 꽃은 없다. 동토에도 꽃은 핀다. 내게 주어진 '살아 있다는 사실 하나만으로 삶은 축복'으로 생각하자.

나의 마음도 늘 어떤 흐름 속에 움직이고 있다. 오늘의 나는 어제의 내가 아니듯이 끝없는 세속에 이미 가 버렸다. 내 의지대로 움직이고 타의에 의해 흔들리기도 한다.

꽃 피어야만 하는 꽃은 꽃이 핀다. 자갈밭에도, 돌 틈에도, 어떤 눈길이 닿지 않아도 꽃은 핀다.

내 마음에서도 차가운 온갖 삶의 애환을 끌어안고 있었지만, 세월의 흐름 따라 희망과 꿈을 안고, 봄꽃을 피우며 흘러가려 한다. 동토에도 꽃은 피니 기다리는 마음으로 살아보자.

2022. 2. 22.

고라니를 이긴 남편

남편이 밭에 배추 200포기를 심어 놓고, 산에서 일하고 내려와 보니 '고라니가 배추를 다 뜯어 먹었다' 하소연을 한다.

"배추가 땅 맛을 보고 예쁘게 자라는 것 같았는데…." 전화기 속으로 말하는 남편은 허탈한 목소리였다.

"계절이 늦지 않았으니 다시 심든지 해요."

"당신은 배추를 고라니 먹으라고 심은 것 같네. 망을 쳐야지 망을…."

"배추는 원래 고라니가 안 먹었어. 그래서 무는 심지도 않았어. 에잇, 힘들어도 망을 쳐야겠네."

해마다 무, 배추는 심어도 고라니가 배추는 먹지 않았고, 무는 싹이 나기 무섭게 다 뜯어 먹는다.

남편은 두 번째로 배추 모를 다시 사다 심고, 망을 쳤다.

일주일이 지나자 남편한테 전화가 또 왔다. 격앙된 목소리로.

"망을 쳤는데 고라니가 망을 뛰어넘고 들어와서, 배추를 또 뜯어 먹었어."

"이번에는, 김장하지 맙시다."

시골에서 김장하고 올라오면, 며칠간 힘들어서 병원 다니는데 '그거 잘됐다.' 마음속으로 웃었다. 아무 일 없이 일주일이 지난 어느 날, 남편에게 또 전화가 왔다.

"장터에 내려가 보니 아직도 배추 모종이 있어서, 200포기 사서, 다시 심었어. 그리고 배추 위에 모기장을 덮어서 고라니가 뜯어 먹지 못할 거야."

나는 '좋다 말았네.' 하며 웃었다.

우리 가족들은 김장철이 되면, 김치 담그는 잔치를 벌인다. 아들 며느리, 세 딸과 세 사위가 모두 모여서 김장감 다듬기, 절이기, 씻기 등을 하며 조용하던 시골집 마당이 들썩일 정도로 웃고 떠들며 왁자지껄하다.

남편은 김장하는 날을 본인의 생일보다 더 좋아한다. 자신이 유기농으로 배추를 심어 자식들에게 먹인다는데 긍지를 느끼는 듯했다. 남편의 귀농으로 '쓸데없이 다른 사람까지 고생시킨다.' 원망을 많이 듣는 것을 이 기회를 통해 만회하려는 심리가 있는 것 같다. 나는 점점 힘이 들어 배추를 못 키우면 '김장하지 않겠다' 말하곤 했다.

배추를 절인 저녁에는 무채 썰기, 양념 만들기 등으로 사위들이 경연을 벌인다. 심사는 내가 내 마음대로 즉흥적으로 순위를 정한다. 상으로는 일을 끝낸 후 수육을 만들어 막걸리 한 병을 준다.

지난해는 셋째 딸이 아기를 낳아서 사위 혼자 왔다. 일은 잘 못했지만, 내 맘대로 1등을 주었다. 다른 사람들은 후보로 물러난 것에 대해 불만이 없었다.

나는 가족들이 1박 2일간 불편하지 않도록 숙식을 제공해야 한다. 김장 때 필요한 양념거리를 미리 마련하려고 가족들이 오기 4일 전에, 시골에 먼저 내려간다. 김장 준비를 해야 하기 때문 일주일은 쉴 새 없이 움직여야 한다. 내가 일주일 고생하면 열 가족의 김장이 해결되고, 아이들도 즐거워하니, 나도 즐겁다. 솜씨는 없지만, 재료가 좋고, 다 '맛있다' 하니 마음도 행복하다.

삼세번 째 배추 심기는 남편의 끈기로 고라니를 이겼다.

고라니야, 두 번은 네가 먹었으니, 한 번은 열 가족의 겨울철 반양식이니, 우리가 먹을 게 그리 알아라.

2022. 9. 15.

들고양이의 죽음

시골에 내려갔다.

자동차에서 내리니 칼바람이 기승을 부리며, 낙엽들을 이리저리 몰고 다니며 마지막 추위가 기승을 부리고 있었다.

장작더미 옆에 누런 고양이 한 마리가 죽어 있었다. 나는 깜짝 놀라 외쳤다.

"누런 고양이가 얼어 죽었나. 굶어 죽었나. 아니면, 더 큰 산짐승한테 물려 죽었나, 살펴봐요."

남편은 누런 고양이를 이리저리 돌리며 살펴보았다.

"물린 자국도 없고, 굶어 죽은 것 같지도 않고, 병들어 죽은 것 같지도 않고, 자연사인 것 같아."

나는 동물은 별로 좋아하지 않았지만, 둘째 딸이 아기를 낳으면서, 키우던 고양이를 나에게 맡겼다. 그 고양이는 내가 소파에 앉아 있으면 내 옆에 와서 '꾹꾹꾹' 앞다리로 안마를 해 주었다.

그래서 고양이한테 친근감을 느끼게 되었다.

이곳 산속 시골 농장에 오면, 검고 흰 바둑 고양이, 또 희고 누런 바둑 고양이, 죽은 누런 고양이 3마리가 온다. 내가 시골에 내려가면 흩어져 살다가, 나를 찾아와서 내 주위를 맴돈다. 산속의 외로움을 달래주는 나와 가까운 친구였다.

나는 서울에서 고양이가 좋아하는 먹이를 주기 위해서, 생선 머리나 뼈 따위를 모아서, 서울 집 냉동실에 얼렸다가 시골에 가지고 와서 먹이로 주곤 하였다. 여러 해 동안 고양이들에게 먹이를 주면서 친숙하게 지냈다. 그래서 그런지 세 마리의 고양이가 나를 잘 따라서 정이 들었다.

시골에서 서울 집에 올 때는 고양이들이 비가 오거나 추우면 밖에서 떨지 말고, 텐트 창고에서 지내게 텐트 문의 지퍼를 끝까지 내리지 않았다. 그래서 고양이들이 텐트 창고에서 지냈다.

2년 전에 수해를 입어 산 계곡의 다리가 끊어졌다. 물길이 다른 벌판으로 흐르고 있었다. 남편은 비가 멎자 수해 복구를 위해 집에서 700m 넘는 산까지 갔다. 그때 검은 점박이 고양이가 남편을 따라와 걱정을 함께 해 주는 듯하여 신기하였다. 정말 고양이는 영물인가.

나는 꽁꽁 언 누런 고양이를 길가 양지바른 곳에 묻어 주라고 남편에게 부탁했다.

내가 다니는 길목에서 '나의 발자국 소리를 듣고, 내 주변을 돌고 있으라'고 누런 고양이 영혼에게 말했다.

동물도 자기 수명이 다되면, 밝은 햇살과 바람, 주홍빛 노을을 모두 두고 떠난다. 모든 만물의 생명체는 찬란하고 화려했던 과거를 남기고, 쓸쓸하게 허공으로 사라진다.

나의 삶도 언젠가는 고양이처럼 사라질 것이다.

2022. 3. 8.

동대표로 보는 식목일

나는 내 생애에서 '남을 위해 봉사할 만큼 했다'고 생각했다. 이제는 내 삶에 충실하게 살기로 다짐했다.

그런데 일주일 전부터 동대표 회장이 나더러 주민을 위해서 2년만 봉사해 달라고 졸랐다. 처음에는 계속 거절했다. 일주일을 끊임없이 조르는 바람에 어쩔 수 없이 수락했다.

자유로운 영혼으로 훨훨 돌아다니며 마음 내키는 대로 살려고 했건만, 헛꿈이 되었다.

뜻하지 않은 동대표가 되어 아파트 둘레를 돌아보았다. 바깥은 완전한 봄이다. 하늘에는 구름 한 점 없고 아지랑이 아래로 노란 민들레와 희고, 빨간색의 매화나무가 흐드러지게 피어, 꽃향기가 벌과 나비를 부르고 있다.

무엇이 주민들에게 안 좋은 점인지, 무엇을 고쳐야 하는지, 예사롭게 흘려봤던 것이 자세하게 봐 진다. 놀이 기구를 만져 보고 흔들어 보며 다녔다. '아이들은 앞뒤 살피는 능력이 없는데 위험한 곳은 없는지.' 먼저 놀이터부터 자세하게 살펴봤다. 매월 동대표 회의 때 안건으로 넣을 문제점을 찾아본다.

올해는 아파트 내에 식목사업을 벌이지 않았다. 주민들에게 경제적 단도리를 해야 하는 바람에 새로운 나무 심기가 멈췄다. 다른 해에는 식목일이 가까이 오면, 시원치 않은 나무는 뽑아 버린다. 내가 보기엔 괜찮은 나무인데 아깝다. 거름을 줘서 잘 기르면 뽑아 버리지 않아도 되는데, 새로 심는 것은 낭비일 뿐 아니라, 식물에 대한 미안한 마음도 갖게 한다.

10여 년 전에 누가 측백나무를 화분째 내다 버려서 주워다 시골집 농장 올라가는 길목에 심었더니 2m까지 잘 자랐다. 늘 푸른 나무가 흰 눈이 덮이면, 한겨울의 운치를 더 높여주기도 한다. 버려진 나무도 정성을 들여 잘 키우면 잘 자란다.

내가 이곳에 입주하여 불만은, 멀쩡한 보도블록 바꾸기, 수목 갱신하기, 죽은 나무 보식하는 게 아니라 몸살 앓고 있는 나무를 뽑아 버리는 것이었다. 내 돈 아니라고 함부로 쓰면 안 되고 그 돈이 결국 주민들이 분담하는 거다.

젊은 동대표들은 돈 아까운지 모르고 다른 아파트에서 좋은 점을 모방하여 우리 아파트를 꾸밈으로써 부가가치가 더 크다는 주장을 하기도 한다. 그런 주장도 틀린 이야기는 아니지만, 그렇게 하기까지의 경제적인 문제점, 심지어는 우리나라의 낭비 문화까지 설명하노라면 내가 꼰대 같은 느낌이 들 때도 있다.

그래도 나는 될수록 아껴야 한다는 쪽으로 주장을 한다. 동대표 중에 내가 나이는 제일 많지만, 항상 대화라는 소통을 통해 이해시키고 있다.

나는 아끼고 절약하며 살아왔듯이, 내가 동대표로 있는 한 알뜰하게 생활하도록 조언하고 이끌고 싶다. 나라 경제가 다 망가져 젊은이들이 빚을 안고 살아간다는 것을 생각하면, 어른으로서 자라는 후손들에게 미안함을 떨쳐낼 수 없다. 내 가정부터 우선 모범을 보이면, 온 동네가 절약하는 자세가 되리라 믿는다.

2022. 4. 5.

못 말리는 덕후

나는 L 문우의 「덕후」란 글을 읽고 '바로 내 남편 이야기야' 하고 혼자 웃었다.

시골 동네에서도 유명한 '덕후'로 소문이 난 사람이다. 나는 새 단어를 L 문우 글에서 알았다. 이런 단어가 1970년 일본에서 생긴 단어라는데 이재서 알았으니, 독서를 즐기는 쾌거라 할 수 있다. 그렇다고 해서 남편을 고상하게 열정이 많은 사람이라 할 수 없고, 또 남편에게 미친 사람이라 말하기가 좀 저속한 것 같다. 좌우지간 '덕후'가 잘 어울리는 단어인 것 같다.

남편은 37년 전부터 나무 심기에 몸과 마음을 다 바친 사람이다. 아이들이 어떻게 성장하는 줄도 모르고, 성적은 어떤지 관심도 없었다. 처자식이 굶는지, 어떤 마음고생을 하면서 살고 있었는지도 모르고 산에만 쫓아다녔다. 내가 지금도 서운함을 넘어 미운 마음이 들기도 한다. 남편의 도움을 포기하기까지 긴 세월이 흘렀다.

토요일에 등산 배낭 하나 메고 산에 가서, 일요일 통행금지 직전 막차로 집에 오는 나의 남편이었다. 해마다 나무 심는 종류는 항상 다르다. 긴 세월 나무 가꾸고 수확을 기다리다가도 10여 년이 넘어도, 품종이 별로라는 생각이 들면 포클레인을 빌려 나무를 밀어 뿌리째 뽑아 버린다. 다시 다른 품종의 나무를 심는 행위는 아직도 멈추지 않고 계속 반복하고 있다.

그곳 시골에서도 '덕후'로 유명 인사가 되었다. 이 말은 남편을 너무 존경하는 것 같지만. 우리가 흔히 쓰는 말로 '나무에 미친 사람'으로 불린다. 언젠가 '동네 사람들이 당신에게 나무에 미친 사람이라 말하는데 알고 있어?' 하니 '맞는 말이지' 한다.

작년에는 집 뒤에 밤나무를 뽑아 버리고 호두나무 350주를 심었다. 금년에는 작년부터 열리기 시작한 호두나무를 '품종이 안 좋다'고 포클레인을 불러 뽑아 버리고, 새로 나온 신품종의 호두나무 210주를 또 심었다.

"새 품종을 당신이 증명해 본 게 아니니, 차츰 결과를 보면서 늘려 나갑시다. 한꺼번에 잔뜩 심어서 문제가 생기면 어떡해."

미친 짓이라 강하게 말려도 다른 사람 말은 절대 듣지 않는다. 한 그루에 이만 오천 원을 주고 사서, 경제적 가치가 있을지 의문도 되었다.

"당신이 늙어서 수확도 못 하고 죽을 것"이라 엄포를 놓아도 나무를 계속 심는다. 심한 말로 "나무 심다 죽어도 쳐다보지도 않을 것"이라고 으름장을 놓아도 소용이 없다.

또 내년에 심을 호두나무를 묘목상에 전화 주문하고 있다. 나이 팔십에….

삶이란 두 손에 잡히지 않는 햇빛 같은 것. 풀꽃처럼 피었다 티끌처럼 간다. 인생의 시간은 그리 길지 않다. 인생을 화무십일홍(花無十日紅)이라 하지 않던가? '이젠 나이도 들었으니 쉬면서 즐기라' 말해도 '자기는 이게 즐기는 것'이라 말한다.

"사람은 죽을 때까지, 자기가 하고 싶은 대로 살다 죽는 것이 가장 행복한 삶"이라고 말하면서….

2022. 4. 12.

꽃향기 속에 봄나물 캐기

봄이 오면 이 세상 꽃들이 화사한 봄날의 연가에 취해 진하게 향기를 내뿜고 있다.

향기롭고 우아한 꽃망울 터지는 날, 사랑의 꽃을 가득 피워 가슴이 들뜨고 풍요롭게 한다. 매화 향기 맡으며, 봄나물을 캐는 몸과 마음은 어릴 때 동화 속의 걱정 없었던 소녀가 되어, 나물 바구니를 안고 나비처럼 훨훨 춤을 추고 싶다.

움츠렸던 남부 지방에 꽃 소식이 올라 올쯤 중부 지방은 잔설이 녹으면서 냉이가 새순을 보인다. 한겨울 눈 속에서도 냉이와 원추리, 머위잎이 은행잎만 하게 자랐다. 원추리 싹은 10㎝ 정도 될 때 나물로 먹으면 '신경안정제'의 약효가 있다 했다. 더 크면 '독성이 있다' 하여 순이 많이 자란 잎은 고라니도 뜯어 먹지 않는다. 냉이는 순이 자라면 고라니도 잘 뜯어 먹는다. 머위는 머위의 특이한 냄새를 고라니가 싫어한다. 고라니가 먹는 나물은 모두 사람에게도 유익하다.

들판의 나물 중에서 제일 먼저 나오는 나물은 냉이다. 냉이는 꽃이 피면 영양이 듬뿍한 뿌리가 억세서 먹을 수 없다. 나는 원추리의 작은 순을 칼로 자르고, 냉이는 호미로 캤다. 머위 순은 너무 작아서 열심히 뜯어도 바구니의 바닥에만 깔린다. 그래서 나는 주로 냉이를 열심히 캤다.

냉이는 퇴비를 많이 주었던 밭에 주로 많이 나온다. 이때의 냉이는 뿌리도 부드럽고, 냉이 향이 가득하다. 한겨울의 텁텁한 입맛을 냉이된장국이 상큼하게 느끼게 한다. 입으로 봄을 먹는다.

꽃밭을 보니 튤립 잎이 씩씩하게 꽃망울을 품고 올라오고 있었다. 그 틈새 곳곳에 민들레가 잔뜩 올라왔다. 나는 꽃밭의 민들레를 뽑아 주기로 했다. 꽃이 피어 민들레 씨가 바람에 휘날리면, 온 꽃밭이 민들레밭이 된다. 나는 호미를 들고 모두 캤다. 한 바구니가 되었다. '민들레로 나물 할까. 김치를 담가 볼까.' 망설이다가 김치를 담기로 했다.

처음 담가 보는 것이라 유튜브에서 레시피를 찾아보았다. '쓴물을 소금물에 하루 담그고 나서, 일반 김치와 같이하는 데 젓갈을 주로 쓴다'고 쓰여 있다. 민들레 김치를 레시피대로 만들어 맛을 보니 쓴맛이 입속에 가득했다.

밥맛을 잃어 밥 먹을 생각이 별로 없었다.

저녁에 상큼한 냉이로 된장국을 끓였다. 냉이된장국에 밥을 말아, 따뜻한 봄과 함께 먹으니 입맛이 살아났다. 이곳 시골에서의 머위, 원추리나물과 냉이된장국 때문인지 하루의 밥 세 끼를 맛있게 잘 먹었다.

시골에서의 생활은 반찬 먹거리를 걱정하지 않아도 되고, 무엇을 뜯어다 먹어도 건강이 넘치는 듯하다. 마음 또한 편안하다. 육신이 흙으로 돌아가는 영혼을 일깨우는 것이기 때문일까.

4일간의 시골 생활을 마치고 서울로 올라오니 꽃향기 속에 나물을 또 뜯고 싶은 생각이 들었다. 시골 생활은 몸이 힘들어도 힘이 솟고, 삶의 생동감을 느끼게 하는 곳이다.

다음 시골에 내려가면 쑥, 취나물, 고사리, 헛개 잎, 두릅, 달래, 돌나물, 돌미나리, 머위를 따서 나물을 하거나, 장아찌를 만들어서 지인들에게 나누어 주어, 봄을 함께 나누고 싶다.

2022. 4. 26.

청보리가 출렁이는 가파도

코로나에 갇혀서 살다 보니 답답하여 견딜 수가 없다. 어디든지 떠나 보자.

제주섬에서 여객선을 타고 가파도에 갔다. 가파도는 약 30만 평의 넓이에 주민 150명이 사는 작은 섬이다. 제주도 모슬포 운진항에서 여객선을 타고 20여 분 만에 도착했다. 배에서 내리면 곧바로 신작로가 보이는데 상동마을과 하동마을이 있다. 그 가운데로 걸으면 17만 평의 청보리가 일렁거리고, 그 사이사이 노란 유채꽃이 활짝 피어 노란 가르마를 만들고 있다. 길섶 옆으로 연보라와 흰 꽃이 어우러진 갯무꽃이 환상의 꽃길을 만들어 준다. 두 마을 모두 돌담과 바다가 어우러진 풍경이 아름답다. 하늘은 쪽빛 색이고, 흰 구름은 뭉게뭉게 화려한 그림을 그렸다 지웠다 명화를 그린다. 푸른 바다는 바닷바람과 함께 너울너울 춤을 추고 있으며 섬의 형태는 가오리 모양을 하고 있다.

가파도 섬 전체는 평평하여 사방이 탁 트였고 시원한 바닷바람이 청보리를 흔들어 살랑살랑 흔들어 주고 해안 도로 길가에는 '불턱'이 있어 눈이 심심하지 않았다.

'불턱'이 뭐냐 알아보니 해녀들이 추운 날, 물질하러 갈 때나 올 때, 불을 피워 몸을 녹이는 곳이라 했다. 돌로 2m로 쌓아 놓은 사각 울타리 모양이었다. 불턱은 제주 해녀 문화가 남긴 오래된 문화유산이다. 힘들고 어려운 삶은 곳곳의 문화가 되어 흐르고 있었다.

제주도는 돌이 많아 담의 돌들이 지붕보다 더 높게 쌓아 놓아서, 빨간 함석 용마루와 파란 함석 용마루가 고깔 모양으로 조금씩 보였다. 올레길을 한 시간 이상 걷는데도 지루하지 않고 볼거리가 흥미진진해서 재미있게 평지의 꽃길을 걸었다.

가파도는 개퍼도, 개도라 불리기도 했고, 조선 시대에는 소도 키웠다 한다. 1750년 영조 26년 제주 목사가 '가파도에 소 50마리를 방목하기 위해 소들을 관리하라'며 40여 가구를 가파도에 살도록 한 것이 유인도의 시작이다.

가파도는 2010년 행정안전부에서 전국의 섬 300여 섬 중에서, 자연과 인간이 조화로운 베스트 10에 선정된 친환경 힐링 보물섬이라 한다.

가파도는 해발 20.5m로 우리나라에서 가장 낮은 평지 섬이다. 그래서 바람을 막아줄 산이 없어서 바람이 세게 분다. 그곳 사람들은 바람이 무서워서 미신을 믿었다. 상동마을 동쪽 해안에 있

는 어멍, 아방돌, 서편 해안은 큰 왕돌 위에 사람이 올라가면 큰 바람이 불어 파도가 높아진다 하여 오르는 것을 금기로 했다. 가파도가 워낙 바람이 거세고 파도가 높은 곳이라 처음에는 바위에 올라 사고를 당하는 아이들 보호 차원에서 생긴 말이, 오랜 세월을 흐르면서 지금까지 흐르고 있는 듯하다. 해안가를 돌다 보면, '주의! 냇골챙이 있는 곳'이란 푯말도 있다. 물이 얕다 보니 발을 헛디뎌 우묵하게 패어진 고랑창에 빠지지 말라는 것일 거다.

사람이 살기가 힘든 제주였지만, 자연의 어려움을 극복하고 관광 수익 50%를 자랑하는 관광의 지역으로 탈바꿈하여 어디를 가나 고루 잘살고 있어 보였다. 창가를 내다보니 씩씩하고 당당하게 길을 걷고 있는 시민들의 모습에 자신감이 있어 보였다.

나는 무료하고 답답한 삶의 무게에 짓눌렸다가 청보리가 출렁이는 가파도에 다녀오니 마음이 상쾌하였다. 다시 마음과 몸을 가다듬고 맑은 정신으로 앞을 향해 전진하는 풋풋한 청보리처럼 삶을 살아보려 한다.

2022. 5. 24.

수탈의 현장에 가다

큰딸 내외와 서해안 여행을 다녀왔다. 큰사위가 휴가까지 내서, 운전하며 함께 한 여행이라 미안하기도 했지만, 마음은 행복했고 설레는 마음으로 따라나섰다.

바닷가에는 휴일을 맞아 가족들과 함께 갯벌 체험하는 사람들이 군데군데 보였다. 갯가에는 빨간색 해당화가 드문드문 피어 있어, 따뜻하고 평화로운 경치에 감탄이 절로 나왔다.

오후에 군산의 숙소에 짐을 풀고 바닷가로 나갔다. 낮에 볼 때는 갯벌이 넓게 펼쳐져 있었는데, 어느새 물이 들어와 파란 바닷물이 '철썩철썩' 갯바위를 치고 있었다. 조수간만의 차가 큰 서해안의 특징으로 보였다. 군산의 도시는 어릴 때 보던 집들이 그대로 있는 것 같았고, 일본식 구조물이 많이 보였다. 바닷가 옆으로 커다란 붉은벽돌로 된 커다란 창고 건물이 희미한 가로등에 비추어, 뉘엿뉘엿 해가 지는 저녁에는 음산하기까지 했다.

바닷가를 따라 붉은벽돌 창고가 많았다.

1박을 한 다음 군산의 시가지를 둘러보기로 했다. 날이 저물어 미처 보지 못했던 해안가를 다시 찾았다. 군산 내항 뜬 다리 부두 부잔교(浮棧橋)에 네모진 모양의 배를 연결해 띄워서, 수면의 높이에 따라 위아래를 자유롭게 움직이도록 만들어 놓은 다리 모양의 구조물이 있었다.

조수간만의 차가 큰 서해안의 특징을 살려 물에 뜰 수 있는 구조물로 정박시설을 건설한 다음, 부두에 다리를 만들어, 밀물과 썰물 시 상하로 움직이도록 한 선착장 시설물이다.

일제가 충청도 전라도 곡창지대의 쌀을 수탈해서 일본으로 송출하기 위한 것이었다. 1934년에는 200만 석 이상의 쌀이 군산항을 통해서 일본으로 수탈해갔다고 한다. 이러한 뜬 다리를 1926년~1933년 3기를 만들었다. 3천 톤급 기선 3척이 동시에 접안할 수 있도록 했으며, 그 후 제4기에서 6기까지 만들어서 우리나라의 쌀을 수탈하여 갔다. 지금은 3개의 부잔교만 남아 있다.

그때의 우리나라 사람들은 밥 한 끼 배불리 먹지 못하고, 심지어 제사상에 놓을 밥도 못 짓는 실정이라 했다. 작업장에 불려가 노동만 하였고, '노동자 10명이 죽는 사고를 당하기도 했다'고 한다. 일본인들을 많이 불러와서 우리 땅을 나눠주며 집을 짓게 했다. 우리나라 국민은 땅을 빼앗긴 채 산비탈에 짚을 엮어 움막을 지어 살면서, 쌀을 수탈하는 곳에서 노역 생활을 한 것이다.

군산에 일본의 적산 집이 많이 남아 있는 것은 '수탈의 현장'이기 때문이다. 군산시에서는 그곳의 현장을 '역사의 현장'으로 놓아두고 그 옆에 '새로운 도시를 건설'하고 있다. 나라가 없어 국민들의 인권은커녕, 사람대접도 동물 취급도 못 받았던 현장을 보았다.

내 자녀에게 나라 없는 설움을 주지 않으려면, 자녀들한테도 나라의 소중함과 국가관을 심어 주어야 한다. 우크라이나 국민들의 아픔이 우리 선조들의 아픔이었다. 그러기 위해서는 꼭 군산의 수탈 현장에 가서 보고 느꼈으면 한다. 나라를 위하는 마음이 없다면, 또 나의 자녀들도 '수탈을 당할 수 있다'는 것을 뼛속 깊이 새기게 되었다.

국가가 없으면 국민도, 개인의 행복도 모두 빼앗긴다는 교훈을 얻게 되었다.

2022. 5. 31.

뼈다귀 작품 여행

후배 딸과 부산미술관에서 열리는 이형구 작가의 전시회를 보러 갔다.

전시장에 들어서니 도살장에서 동물을 해부해 놓은 것 같은 형상을 보고 깜짝 놀랐는데, 하나하나의 표정이 다른 것에 놀랐다. 뼈로도 작품의 소재가 된다는 것은 상상도 해 본 적이 없다.

이형구는 뉴욕의 지하철 안에서 손잡이를 잡은 자신 손이, 타인종의 손에 비교하여 왜소해 보이는 것을 발견했다. 우연한 비교 경험을 계기로 자신 신체 부위를 원하는 크기나 형태로 변형하기를 시도했다. 굴절 효과로 손 크기를 확대하는 장갑, 광학필름과 렌즈를 부착해 눈과 입의 크기를 비정상적으로 키우는 헬멧 등 일종의 연극적 장치로 인체 변형의 욕망을 표출해 보았다.

변형과 왜곡, 과장을 통해 몸의 구조를 새롭게 인식하기를 시도한 신체적 담론을 작가만의 미학과 위트로 표현했다.

본인의 얼굴을 바탕으로 새로운 12개의 이야기를 창조했다. 작가는 12개의 두상을 선별한 다음 눈, 코, 턱, 눈썹 등의 얼굴을 관상학적 구조를 띤 12개의 새로운 얼굴들로 의도적인 재조합을 거쳐 탄생시켰다.

고정된 얼굴을 해체한 것은 주어진 관상을 거부하는 것이며, 주어진 운명을 거부하는 것으로 해석할 수 있다. 자신의 운명을 주체적으로 이끌고자 하는 작가의 태도가 유쾌하고 재미있게 드러나고 있었다.

그는 애니메이션의 움직임을 통해 '생명'을 불어 넣었다. 캐릭터가 지닌 신체적 특징을 발견하고 캐릭터에 골격을 재현하고자 했다. 상상력을 토대로 해부학적 연구를 더 해, 움직임에 따른 신체적 구조를 사실감 있게 구현하였다.

어느 작품에서는 시각적 전환을 꾀했다. 인체의 내부로 시선을 이동한 이형구는 몸을 거대한 풍경으로 펼쳐 보였다. 몸 안으로 들어와 마주하는 생경한 풍경으로 펼쳐 보인다. 천체도를 연상시키기도 하고, 일종의 화학작용이 발생하는 순간을 마주하는 듯한 인상을 남기기도 했다.

살점을 연상시키는 폴리우레탄 폼, 뼈의 질감을 드러내는 사진 및 동영상, 차갑고 날카로운 금속재료, 공간을 떠다니는 원형재료들의 조화로운 충돌로 이루어진 독특한 인체 풍경은 기묘한 분위기를 자아냈다.

작가는 뼈를 창작 작품으로 구상하고 있었다.

시공을 떠나 추상적인 감각에서, 어떤 형이상학적인 전제의 근원을 연구하고 있다. 몸은 재현의 대상이자, 소재이며 매체이다. 몸은 하나의 완결로 귀결되지 않으며, 집요한 추적과 탐색을 멈추지 않는 그에게 탐구의 원천이다. 다양한 실험을 거치며 몸이 동반하는 지각의 변화를 확인하는 확장된 공간으로 몸을 펼쳐 보였던 것이다.

나는 미술 전시회를 여러 번 관람했지만, 뼈대만 가지고 여러 가지 표정에 생명을 불어넣은 연출 작품을 보고 충격을 받았다. 추상화도 아니고, 현실 묘사의 그림도 아니고, 어떻게 이 작품을 이해해야 하는지, 살 속에 있는 뼈를 이용해 여러 창작품을 만들어 낸 작가의 신선한 창의성에 깜짝 놀랄 수밖에 없었다. 여러 날 나의 뇌리에 남아 있는 부산의 미술 관람은, 뼈로 여러 가지 형태를 형상화하여 자신만이 추구한 물체로 확대 또는 변질시켰다. 작품의 인체 표정을 보며, 작품의 소재가 무한함에 내 인생의 커다란 쉼표로 남아 있다.

2022. 7. 7

진작 나만의 파랑새를 찾을걸

황혼의 나이가 되어가니, 분신 같던 아이들이 그들만의 가정을 만들어 새로운 둥지로 떠나갔다. 집안이 조용한 산사와 다를 바 없다. 방마다 열심히 무엇인가 하며 웅성대던 둥지가 빈 둥지로 변했다.

저녁이 되면 '엄마 나 왔어요' 하던 말이 없어졌지만, 퇴근 시간이 되면 내 귀를 쫑긋 세우고 현관 쪽으로 신경이 가곤 한다. 그때 나는 깜짝 놀라 '지금 내가 누굴 기다리는 거야' 하며 머리를 돌리게 된다.

아이들이 온다고 약속도 하지 않았는데 기다리는 버릇이 생겼다. 네 자녀와 함께 살던 집안이 넓은 홀로 변해 나를 더 쓸쓸하게 한다. 거실에서 서성이며 창밖을 내다보니, 놀이터에 아이들이 까르르 웃으며 끼리끼리 모여 놀이 기구를 타고 있다. 그 모습을 바라보니, 어릴 적 내 아이들 눈빛에 연둣빛 꿈으로 가득

했던 추억들이 떠오른다.

이 방 저 방 기웃거리다 서재로 들어와 보니 그동안 바쁜 핑계로 못 본 책들이 책꽂이에 꽂혀 있었다. 책이 좋아 쌓아 놓았지만 '시간 없다'는 핑계로 읽지 못한 책들이 나를 바라본다. 책이 분류도 되지 않은 채 뒤섞여 있었지만, 나는 손에 닿는 대로 읽기 시작했다. 무료한 시간을 보내기엔 너무 좋았고, 누군가 기다리는 마음마저 없어졌다.

남이 꿰어놓은 글만 읽다 보니, 나도 한 번 글을 써 보고 싶었다. 문제는 다른 사람이 쓴 글은 쉽게 보았는데, 내가 막상 글을 꿰어보니 여간 힘든 게 아니었다. 무엇에 의미를 두고 썼는지는 횡설수설하기 일쑤였다.

공부하자. 공부!

나는 서점에 나가 대학 수필 창작 교재를 사서 요점정리를 반복하며 글을 쓰려고 컴퓨터 앞에 앉아 있다. 젊은 날 교편생활을 하며 정신없이 헤쳐나가던 그 의지 하나로, 마지막 파랑새를 잡기 위해 컴퓨터 자판을 두들기고 있다.

'남은 시간, 내 삶의 방향을 환하게 밝힐 등대를 만들어 가자.'

싱싱한 푸른 잎도 날이 가면 낙엽이 되고, 예쁜 꽃도 언젠가는 시들기 마련이다.

삶이란 두 손에 잡히지 않는 햇빛 같은 것. 풀꽃처럼 피었다, 티끌처럼 사라진다. 수많은 풍상을 겪으며 온갖 삶의 애환을 끌어안은 채 말없이 세월 따라 흘러간다. 하지만 지는 해가 격렬하게 타오르듯, 저무는 황혼빛도 가장 아름답다 하였다. 내 삶의 파장을 따분하고 지루한 늙은이가 되지 않기 위해서, 오늘도 내 일도 인생이 아무리 건강해도, 너무 빨리 변하는 세월을 덧없이 흘려 보내지 말자.

진작 글을 쓰며 파랑새를 빨리 찾지 못한 것이 아쉽지만, 남은 인생 파랑새를 좇아 글을 쓰는 일에 삶을 마무리 짓고 싶다.

2022. 8. 22.

밤 줍는 남편

찬 바람이 불더니 가을이 성큼 다가왔다.

모든 살아 있는 식물들은 자신의 종족을 남기기 위해 씨앗을 남긴다.

사람들은 '가을'이 오면, 겨울 준비를 하느라 분주하게 움직인다. 어떤 사람들은 옛 추억이 떠올라 감성에 젖기도 하고, 쓸쓸하다고 한다.

지금 나는 찬 바람이 불어오면 걱정이 생긴다. 남편이 밤을 줍는 농부이기 때문이다. 퇴직 20여 년 전 공주에 산을 장만한 게 원인이다.

밤을 심은 지 20여 년이 지나니 탐스러운 밤알이 떨어졌다. 밤나무 밑에 굵은 알밤이 여기저기 떨어진 것을 보고 매우 흐뭇하였다. 그러나 밤 수확이 문제가 되었다. 모든 농사는 기계화가 되었는데 밤은 손으로 일일이 주워야 한다.

문제는 밤 주울 사람이 없다는 점이다. 외국인 노동자를 불렀는데, 코로나로 인해 주울 외국인 노동자가 없다. 그렇다고 버릴 수는 없다. 밤을 주워 주겠다고 나서는 남편 친구들은, 어릴 때 밤 줍던 재미있는 추억이 있던 사람들뿐이다. 재미 삼아, 주워 보려고 오는 사람들이다. 하루에 네 자루 정도 주워야 하는데 비닐봉지에 한 자루도 못 줍고 어슬렁어슬렁 다니다 '허리 아파 못 줍겠다'고, 슬금슬금 내뺐다.

나는 그 사람들의 식사 당번하기가 너무 힘들고 괴롭다. 시골이라 숙식까지 제공하면서 한 공간에서 '함께 지낸다'는 것은 나를 너무 불편하게 만든다. 또 어떤 친구들은 밤을 팔라고 주문한다. 나는 적당히 거절한다. 그러나 남편은 '팔겠다' 답한다.

우리집 밤은 줍는 즉시 밤 생산자 조합으로 자루째 가져다주면 되는데, 개별로 팔게 되면 크기 별로 특, 대, 중, 소로 나눈 다음 돋보기를 쓰고 벌레 먹은 밤을 골라낸다. 흙이 묻었으면 수돗가에서 밤을 닦아서 바구니에 물을 뺀 다음 봉지에 담는다. 밤 상자에 담고 택배회사에 가져가서 보내는 일은, 하루 내내 손이 가는 작업이다.

벌레 먹은 것 중에서, 큰 밤은 버리기 아까워 밤 까는 기계에 넣고 껍질을 깐다. 벌레 먹은 곳을 잘라내고, 남은 밤으로 설탕에 조리거나 말린다. 또는 가루로 만들어 묵을 만들거나, 고추장을 만드는 등 여러 가지 쓸모가 있다. 손주들 간식거리도 만들 수 있다. 그 일을 하다가 기계에 손까지 잘리는 사고를 당했기 때문에, 남편에게 '밤을 집에 남기지 말라'고 당부한다.

나는 남편 친구들에게 '밤을 준다' 말하면, 밤을 줍든지, 말든지, '시골에 내려가지 않겠다' 버티고 있다. '혼자서 알아서 하라' 말한다.

가을이 돌아오면, "여보, 밤이 떨어지고 있어." "나보고 어쩌라고." 가을이 두렵다.

남편이 공직 생활 끝내고 귀농한 게 미운 생각도 들지만, 안 도와줄 수도 없고, 가을이 오는 자체도 내 마음에 근심과 걱정이 몰려온다. 나의 밤 줍는 일의 쳇바퀴는 언제까지 돌리고 살아야 하나.

'가을이면 남편의 밤 줍는 생활은 되풀이되니' 나에겐 가을이 오는 것이 무섭다.

100세가 넘은 수필가 김형석 교수는 '가장 불행한 사람은 아무 일도 없이 세월을 보내는 사람'이라 했는데, 끝없이 허리 펼 수 없이 일이 많은 나는 행복한 사람일까.

『수필문학』 2022. 9월호.

이야기가 많은 해운대 동백섬

고교 때 수학여행으로 갔던 해운대를 52년 만에 갔다.

숙소 옆에 해운대해수욕장이 있었다. 그때는 동백섬이 해운대해수욕장 옆에 작은 섬으로 있었는데, 지금은 해운대해수욕장과 붙어 있었다.

여름이 되어 더위가 시작되면 해운대 모래사장에 사람이 북적거리는 영상이 보여, 아예 겁을 먹고 가지 않던 곳이다.

나는 후배와 아침 일찍 일어나 동백섬에 산책하러 나갔다. 시계 반대 방향으로 일방통행을 하라는 화살표를 보고 반환점을 보고 걸었다.

시계 2시 방향에 APEC 누리마루 건물이 있었다. 그곳에 들어가 보니 2005년 세계 정상들이 모여 APEC 개최한 장소라고 했다. 회의장 안의 커다란 액자에 세계 정상들이 우리나라 한복을 입고 찍은 사진이 걸려 있었고, 내부 장식은 한옥으로 꾸며져 있

었다. 유리장 안에는 황금색 두루마기도 걸려 있었다.(노무현 대통령이 입었던 두루마기)

내가 들른 날도 외국인들이 오찬과 함께 회의가 있다며, 바닷가와 맞닿은 홀에서 준비 중이었다. APEC 누리마루 건물은 3층의 건물이었는데 모두 바닷가를 볼 수 있었고, 지하 3층은 바닷가와 직접 연결된 자연과 함께하는 건물 구조였다.

시계 1시 방향에 최치원 선생의 동상이 있었다.

최치원은 신라 말에 태어나 12세 때 당나라에 유학을 가게 되었다. 그곳에서 공부하여 18세 나이로 당나라 빈공과에 급제했다. 신라 말기 나라가 쇠하는 상황을 지켜볼 수밖에 없던 최치원이 망망대해를 바라보며 갑갑한 마음을 달래던 곳이었다.

고운(孤雲), 또는 해운(海雲) 최치원(崔致遠) 선생은 신라 말 대시인이자 대학자였던 문창후(文昌侯)와 가야산 입산길에 이곳을 지나던 중, 자신의 호인 해운을 동백섬 남쪽 바닷가 바위에 '해운대'라 명명하였다. 돌 위에 한자로 '해운대(海雲垈)'라고 새겨놓았다. 지금은 해운대라 새긴 돌 둘레에 격자무늬로 울타리를 세웠다.(부산광역시 기념물 제46호) 그 후 지금까지 해운대 지명으로 이어져 해운대해수욕장이 되었다.

최치원 선생은 신라 시대의 유학자이며 천재적이면서도 노력파였고 문장가다. 문장을 한문으로 써 달라는 요청받아 문경 봉암사지 증대사 탑비, 보령 성주사지 남해 해상 탑비, 하동 쌍계사 진감선사 탑비, 경주 초월 산 대승복사비, 이 네 개의 비석을 묶어서 사산비명(四山碑銘)이라 했다.

그리고 중국 장수성 양저우시에 최치원 기념관이 건립되기도 했다. 중국에서 첫 번째로 세워진 외국인 기념관이다.

1964년 5월 해수욕장 모래밭에 길이 1.5m가량의 수령 200~250년 되는 거북이가 올라와 알을 낳았다. 사람들은 '용궁에서 용왕님이 보냈다' 생각하여, 거북이를 잘 모셔야 해수욕장이 발전한다고 믿었다. 그래서 거북이의 환송식을 열었고, 극진하게 모시다 바다로 보냈다.

부산은 외국으로 드나드는 물류의 집합도시로만 생각했는데, 많은 역사와 문화가 있는 아름다운 도시였다. 동백꽃 나무가 사람의 키를 넘었다. 동백꽃이 많아서 동백섬이다. 아름드리 소나무에서 풍기는 피톤치드향과 바닷바람이 어울려, 맑은 공기의 상쾌한 힐링의 도시였다. 동백섬 한 바퀴를 도는 시간은 20여 분 걸렸다. 후배와 나는 새벽 바닷바람을 맞으며 팔을 앞뒤로 휘저으며 활기차게 아름다운 동백섬을 세 바퀴나 돌며 즐거운 하루를 시작했다.

나는 후배 딸에게 도움을 주기 위해 따라온 여행이었지만, 이 여행으로 많은 느낌과 함께 행복한 시간을 가졌다.

"O아, 내년 이른 봄! 동백꽃이 활짝 필 때, 또 이곳의 아름다운 여행을 같이하게 해 줘."

후배 딸에게, 이 부탁이 투병 생활의 의지가 더 커질지 모르겠지만, 내 마음도 역사와 문화가 있는 아름다운 해운대의 동백섬을 다시 걷고 싶다.

『현대수필』 2022. 9월호.

미쳐야 행복하다

내 주변에 미친 사람이 두 명 있다.

한 사람은 여동생이다. 트로트에 미쳐서 그와 함께 있으면 트로트 가수 Y의 노래를 계속 들어야 한다. 노래뿐만 아니라, 가수의 가족 상황과 부르는 노래에 따른 배경까지 줄줄이 이야기하며 끝날 줄을 모른다.

그뿐 아니라, 조용하면 핸드폰을 들고 '음원 차트에 투표를 계속해서 추천해줘야 10등 안에 들 수 있어. 언니도 한번 해 봐.' 라며 계속 손가락을 움직인다.

"노래를 좋아한다고 팬이 되는 것이 아니야. 음원 차트에 투표를 해 줘야 팬이야."

"난 그런 것 못하니 팬은 못되겠네."

꽃노래도 삼일이면 싫증 난다 했는데 종일 Y의 노래를 듣게 되니 나는 귀가 먹먹하다.

"너는 그 가수가 왜 좋은데."

"언니, 난 그 가수의 노래를 듣고 가슴을 짓누르는 우울증에서 벗어날 수 있었어.

매일 답답하고 죽을 것 같은 마음이었는데, 그의 노래를 듣게 되니 즐겁고, 행복하고, 우울증이 없어졌어. 그러니 내 생명의 은인이야."

Y의 콘서트는 부산, 대전, 인천, 서울, 지역과 관계없이 표만 구할 수 있으면 어디든지 참석한다.

또 한 사람은 남편이다. 그는 나무 심기에 미쳐 있다. 어릴 때부터 봄만 되면 나무가 심고 싶었단다. 서울에서 공직 생활을 하면서도 주말에는 지방에 나무를 심으러 다녔다. 시골에 집이 없을 때는 빈방을 빌려 나무를 심기 시작했다. 충청지방에 적합한 밤나무, 은행나무, 호두나무가 주 종목이며, 그 외에도 여러 종류의 과실나무를 심었다. 문제는 심고, 죽이고, 죽이고, 심고를 반복한다. 심다 보면 열매를 맺어 따야 할 나무가 많은데, 그것들을 손으로만 따야 하고, 인건비도 나오지도 않는 게 문제였다. 난감한 것은 인부를 못 구하는 것이었다.

3년을 거쳐 호두나무 760주를 심었는데, 먼저 심은 게 품종이 안 좋다고 하여 포클레인으로 뽑고 신품종을 심었으니 그것도 문제였다. 나무는 열매를 맺기까지 오랜 시간을 기다려야 되고, 키우는 동안 죽이는 나무도 많다. 좋은 나무인지 가늠해 보려면 몇 년을 기다려야 한다.

호두가 열리기 시작해서 첫 수확을 했는데, 품종이 안 좋다고 다 뽑아 버리는 날.

"당신은 죽는 날도, 신품종의 나무가 있다면 심을 거야. 나이는 팔십이 다 되었는데, 이제 그만 멈춰요."

"나는 나무 심는 계절이 돌아오면 가슴이 뛰네."

내년 봄에 심을 나무를 가을에 심으면, 나무가 살 확률이 크다고 호두 재배 연구소에서 말했다.

나무를 심기 시작한 지 20여 년이 지나 열매를 거둬야 하는데, 손은 나밖에 없으니 그 고통은 말할 수 없이 괴롭다. '뿌린대로 거둔다'는 법칙이 내게만 있다.

나는 즐겁지도, 행복하지도 않다. 남편을 억지로 따라다니면서 일하려니 힘이 들고 괴롭다. 내가 미쳐야 할 곳은 이것이 아닌데, 달라도 너무 다르다. 오늘도 뼈마디가 쑤셔서 삶의 의욕이 없다. 그러나 남편은 나무를 심는 기쁨은 아무것과도 비교할 수 없다면서, 세상에서 가장 행복해 한다.

내가 좋아하고 미쳐야 할 것은 틈틈이 책을 보고 글을 끄적이는 것이다.

2022. 11.

4

조선 왕릉에서의 동창회

우리는 옛날의 동심으로 돌아가 희끗희끗한 늙은 어린이가 된다. 주름이 삶의 계급장으로 얼굴 가득 새겼어도, 아랑곳없이 옛날얘기로 꽃 피운다.

농작물 버리고, 나 찾기

추수철을 놓쳐 농작물 수확을 포기했다.

밤 수확을 끝낸 후 15일 후면 은행 수확을 해야 한다. 이 은행은 '영랑'이란 품종인데 알이 굵은 종류이다. 나는 은행 수확을 하지 않고 동부 지중해 크루즈 여행을 다녀왔다. 여행을 마치고 수확하리라 생각했지만, 여행하는 도중 '코로나19'에 걸려 집에 와서도 14일 이상 격리를 하게 되니, 시골에 갈 수가 없었다.

남편은 다른 해는 혼자서도 은행 수확을 잘했는데, 올가을에는 봄에 심을 나무를 '가을에 심어야 잘 산다'는 작물 지도사의 지도를 받고 나서 나무를 심느라 은행 수확기를 놓치고 말았다. 남편은 수확해 봤자 경제적 큰 도움이 안 된다며 '버리자' 말했다.

나는 은행 수확하는 것이 내키지 않았지만, 농사짓는 사람이 농작물을 버린다는 게 마음에 걸려 불편했다.

할 수 없이 시골에 내려갔다. 처음에는 은행 냄새가 역겨웠지만, 계속 줍다 보니 냄새가 나지 않았다. 일단 시골 마당에 밟히는 것부터 줍기로 했다. 4일에 걸쳐 집 주위에 있는 20주의 은행을 주웠다. 은행잎 더미 속에 은행이 감추어져 있었다. 장갑 낀 손으로 헤치면서 은행알을 줍다 보니, 줍는 시간이 다른 해보다 더 많이 걸렸다.

'하루만이라도 은행 줍는 일을 도와 달라' 나는 남편에게 사정했다. 마음속으로는 '이런 걸 왜 심어 나를 괴롭히느냐며….'

산에 있는 것은 같이 가서 주워주겠다는 약속을 받고, 이튿날 산으로 올라갔다.

집 둘레 것은 나 혼자 주웠지만, 밤나무 산의 둘레에 있는 나무는 30그루가 넘었다.

9시에 산에 올라가서 은행을 남편과 함께 줍기 시작했는데 남편이 11시가 되어가자 새참을 먹자고 불렀다. 그 후 남편은 2시간을 더 줍더니, '힘들어 죽겠어, 난 못해, 살자고 하는 짓인데 이렇게 힘들여 가면서 해야 하냐'며 소리를 질렀다. 나무를 심어서 일을 만들어 놓고, 할 소리는 아닐 텐데, 어이가 없고 기가 찬다. 이런 걸 적반하장(賊反荷杖)이란 것이지.

"그래, 수확하지 말고 버려, 당신이 농사지어서 날 먹여 살렸어. 나는 내년부터는 시골에서 절대로 당신을 돕지 않을 거야" 소리 지르며 산에서 내려왔다.

해마다 결심은 하지만 이번을 끝으로 남편의 농사짓는 일에 수확은 물론, 관심을 갖지 않으려 한다. 아내의 도리로 열의를 다해 몸 상해가며 돕지만, 내 취미도 아닌, 남편이 좋아하는 일을 도와준다는 것이 이렇게 어리석은 일인지 몰랐다.

나는 1주일 도와주고 서울 오면, 2주일 정도 병원 다니며 치료받고 있다. 이런 일을 언제까지 반복해야 할지, 이제는 몸이 안 따라 준다.

이렇게 노후에 농사를 지으면서 나를 괴롭힐 줄 알았으면 귀농도 끝까지 말렸어야 했다. 이제야 이런 후회를 하게 되는 나 자신이 우습다. 사람은 각자 자기의 길이 따로 있다는 것을 이제야 알게 되었다.

2022. 11. 21.

새해 새 아침의 소망

한 해가 물처럼 흘러갔다.

새해를 맞아 지난해보다 더 큰 희망을 품고 계획을 세워본다.

나는 지난 2022년의 소망들은 다 이루었나? 반성을 하며 2023년의 달력을 뚫어지게 바라본다. 새해 첫날은 커다란 계획을 세우지만, 소망했던 계획들이 흐지부지되지 않기 위해서 내가 실천할 수 있는 것은 차근차근 생각하며 계획을 세워야 한다. 용두사미(龍頭蛇尾)가 되지 않게 하기 위해서는 새로운 소망을 잔잔하게 조용히 이룰 수 있도록 계획을 세운다. 지난 여러 해는 코로나19로 마음이 움츠려지고 사람과 사람이 거리를 두고 마스크를 쓰고 소소한 활동도 제한된 채 내 마음대로 살기도 불편했다.

어제가 오늘 같고, 오늘이 내일 같은 일정인데 새해가 왔다고 세월에 떠밀려 나까지 수선을 떨 필요가 있을까? 내가 3년 전에 '죽기 전까지 1천 권의 독서를 하겠다' 한 것을 계속 실천해야 한다. 지금까지 '나의 독서록'을 보니 300권밖에 읽지 못했다.

책을 붙잡고 앉으면 다른 일이 생겨서 돌아다니다 보니 책 읽는 속도가 느렸다.

수필은 한 달에 2편, 내지 3편의 글을 쓰려 마음먹었고, 지난 12월부터는 시를 배우기 시작해서 틈틈이 수필 쓰는 속도가 느려졌다. 가끔은 바람 따라, 꽃 따라, 바다 구경, 단풍 구경도 해야 하고, 남이 밟지 않은 하얀 눈을 뽀드득뽀드득 밟으며 발자국을 남기고 싶은 소녀 같은 마음도 든다. 가을이면 남편 농장에 가서 농장 일을 돕다 보면 하루가 후딱 지나간다.

그중에서 무엇인가 일을 줄여야 하는데, 그게 안 된다. 새해 첫날에 항상 하는 말은 “당신 농장에 금년에는 안 가” 하고 말하지만, 추수철이 되면 쫓아가 몸을 희생시켜 일을 도와주고, 겨우내 ‘다리 아파, 허리 아파, 팔 아파’ 하며, 병원 치료를 받는다.

나이 먹어가니 몸이 내 맘대로 움직여지지 않는다. 화살같이 지나간 세월을 무슨 수로 막는단 말인가. 그래도 내 몸은 내가 지켜 나를 사랑하고, 끊임없이 아끼고, 소중한 삶을 성실히 살아가야 만족한 인생을 사는 것이라 이제 알았다.

건강하고 즐겁게 마음을 비우며 내가 실천할 수 있는 작은 계획을 잘 세워, 하고자 하는 일을 마음 편히 먹고 새로운 도약에 도전하자. 더 시간이 흐른 뒤에 나를 돌아보며 ‘후회 없이 잘 살았다.’ 하며 말할 수 있다. 방대한 꿈보다 내가 즐겁게 실천하며 자유롭게 유유자적(悠悠自適)하면서 세상사 구속을 벗어나 내가 하고 싶은 대로 살자. 마음 편하게 사는 것이 최고의 삶이 아닐까 생각한다.

2023. 1. 5.

1년 12달이 생긴 유래

1년이 왜 12달이 되었는지 궁금하여 여러 책과 인터넷을 열어 궁금한 공부를 하였다.

왜 한 해의 시작은 낮이 길고 밤이 짧은 1월에 시작되었나.

봄을 시작으로 1월로 정한 국가가 많았다. 동양에서 쓰는 음력이 그렇고, 이스라엘의 종교력도 그렇다. 세계 대부분의 민속력은 모두 봄이 시작하는 무렵이 한 해의 시작이다.

양력의 시초는 고대 로마시대에, 한 해의 시작은 봄기운이 오는 3월(March)이었다. 당시엔 1년이 10개월로 구성되어 있었고, 3월(March)로 시작해서 12월(December)로 끝났다. 그런데 무슨 연유인지 두 가지 달을 새로 만들어 제일 앞에 1월(January)과 2월(February)을 만들어서, 3월(March)과 1월(January)을 바꾸었다. 이렇게 고대 로마에서 1월(January)을 한 해의 시작으로 잡았고 오늘날까지 이어지고 있다.

힘없는 국가들은 그들의 달력을 버리고 예수의 탄생을 기원으로 하는 양력을 사용하게 된 것이다. 이것이 합리적 역법이며, 오늘날 국제 사회에서 가장 기초적인 약속으로 흐르고 있다.

과거 다른 지역을 살펴보면 하(夏)나라 역법에서, 한 해의 시작이 음력 정월 1일이었다. 그러나 주(周)나라 때는 동짓달을 한 해의 첫날로 치기 시작했다. 한때는 동지(冬至)를 한 해의 시작으로 보았던 적이 있고, 어떤 때는 춘분(春分)을 시작으로 보기도 했다

명리학에서는 지금도 입춘(立春)을 한 해의 시작으로 한다.

한 해의 시작은 시대에 따라 중요하게 생각되던 원칙과 개념에 따라 가지각색으로 정하기 나름이었다. 하지만 봄을 시작으로 한 해를 시작하는 게 훨씬 설득력이 있다.

봄과 함께 시작되는 게 바로 음력이다. 십천간 십이지지 이런 것들이 계절과 연결된 고대 중국 하북지역에서, 바로 목(木)의 기운이 시작되는 봄이기 때문이다. 고대 중국의 기후와 현재 한반도의 기후 차이는, 한 해의 시작을 봄으로 잡는 것으로 볼 때 슬슬 음력이 오히려 더 합리적일 수도 있다는 생각이 든다.

양력은 태양을 기준으로 하는 역법, 음력은 달을 기준으로 하는 역법, 양력과 음력이기 어떤 것이 더 합리적일까? 궁금했다.

양력은 지구가 태양 주위를 한 바퀴 도는 데는 약 365.242196일이 걸린다. 365일로 딱 맞춰지지 않는다. 이런 오차는 해의 움직임과 지구의 자전 때문이다. 월을 따지는 것은 달의 변화 즉 달과 지구의 움직임이다. 즉 일 년이란 것은, 달과 지구와 해의

움직임이 복잡하게 얽혀 있기 때문에, 언제나 어긋나 자투리 시간이 남게 되는 것이다. 1년을 365로 고정하면 4년마다 1일이 생겨 2월이 29일이 되는 것이다.

음력의 기준인 달의 모양 순환 주기는 약 29.530838일이다. 그래서 음력에서는 한 달을 29일과 30일로 반복한다. 그런데 이렇게 날짜를 정해 넘어가다 보면 1년에서 약 11일의 오차가 생긴다. 그래서 19년에 7번씩 윤달을 끼워 넣어 1년을 13달로 하여 이 차이를 맞추어 나간다. 1달은, 달의 움직임을 기준으로 하되 1년은 태양의 움직임을 기준으로 한다. 그래서 날짜로는 봄인데 계절은 아직 겨울인 경우가 있다. 농사짓는 사람들은 월에 맞추기보다 입춘, 우수, 경첩 등의 24절기의 기준으로 농사를 지었다.

4년에 하루 정도의 오차가 있는 양력, 일 년에 11일이나 오차가 생기는 음력보다 훨씬 정교하다. 그래서 국제적으로 모든 국가가 양력을 기준으로 살아가고 있다. 한 해의 시작은 음력이 더 설득력이 있지만, 정교함에 있어서는 양력에 비할 바가 못 된다.

우리나라는 양력과 음력을 이용해서 현명하게 잘 살아가고 있다. 가장 두드러지게 사용하는 음력은 명절이 아닐까 생각한다.

2023. 1. 6.

모자이크 속의 내 모습

주변을 돌아본다.

내 몸의 형상이 장방형(長方形)의 유리판을 세모지게 만들어 놓고 들여다보니 만화경(萬華鏡)으로 나타난다.

지구상에 살아있는 생명체가 150만 종이다. 이 중 식물은 50만 종, 동물은 100종이 넘는다고 한다. 앞으로도 밝혀질 숫자는 점점 늘어난다. 지역에 따른 생명체의 다양성은 더 많이 늘어 날 것이다. 생물학의 아버지 아리스토텔레스는 2000년 전에 약 550종의 동물들이 살고 있다고 말했다. 약 200년 전 현대 생물 분류학의 선구자 카를 폰 린데(1707~1778)도 그의 저서에서, 8,500종의 식물과 4,200종의 동물이 있다고 주장했다. 최근 이론에서도 지구상에 살고 있는 것으로 추정되는 식물과 동물, 미생물이 2,000만 종에 달한다고 주장했다. 하지만 학자에 따라 생명체의 종은 많은 차이가 있다. 남극과 북극보다 열대에 그 생명들이 놀랄 정도로 많은 종이 살고 있다. 유럽 알프스 북쪽 지역엔 불과 50종가량의 야생물이 서식하지만, 말레이반도에는 약 50헥타르의 우림 지역에 830종의 다양한 식물이 살고 있다.

이 지구상의 사람들은 경제 활동뿐만 아니라 사회 활동도 한다. 인간들은 사회의 발전과 인간 개개인의 삶을 위해 다양한 일을 하며 먹거리를 장만하고 있다. 이 지구상의 인간 사회는 직업의 종류가 40만 종이 넘는다. 경제 활동에서도 인간 사회는 자유를 바탕으로 현재 20만 종이 넘는 직업이 있다. 인간은 대부분 똑같은 직업을 선택하고 싶어 하지만, 시대가 변해감에 따라 자유롭게 선택하며 창조력과 창의성을 최대한 활용한다.

인간은 동물들과 근본적으로 다른 존재로서, 문화 의식의 발달을 통해, 보다 나은 삶을 살기 위해 스스로 터득하며 친화적으로 시야를 넓혀간다.

인류가 크게 흑인·황인·백인의 3가지 피부색만으로 나눈 것이라면, 피부색만으로도 코카소이드, 몽골로이드, 니그로이드, 오스트랄로이드라는 4가지 인종으로 구분된다. 즉 유전학의 일반적이다.

현대의 지구상에는 여러 국가와 민족, 그리고 집단과 사회에서 나름의 얽히고설킨 일의 관계를 통해 전체를 이루고 화음을 증폭시키며 희로애락으로 구축된 모자이크를 만들어 낸다. 그 내부에서 만들어진 맞닿은 소리의 조각들은 빛을 받아, 수많은 빛깔을 발산하면서 잔잔한 파동을 일으킨다. 한때 파열되었던 화음들이 모자이크되어 뿜어내며 빛의 아우성, 즉 삶에 대한 찬가를 이루고 있다.

여러 갈래의 다양한 것들이 한데 섞여 독창적인 빛을 발산하며, 자신만의 다양한 빛깔의 모자이크를 발산한다. 그 빛은 동·식물뿐만 아니라 개개인의 삶의 바탕이 되고, 삶을 살아가게 하는 원동력이 된다.

2023. 1. 8.

함께 살아가는 삶

땅속에서 숨어 지내던 동식물이 기지개를 편다.

모든 잎을 다 떨구고 땅에 숨어 있던 식물이 앞다투어 밖을 향해 줄기와 꽃을 향해 뿌리에 펌프질을 한다. 나도 큰 추위와 맞서 이기려고 목도리, 장갑, 외투로 중무장을 하고 밖에 나갔는데 무거운 옷이 어깨를 누른다.

양재천을 걸으니 잉어와 오리들이 떼 지어, 이른 봄 따스한 봄볕을 쬐기 위해 무리 지어 노닐고 있다. 웅크리고 집에만 있던 내 발걸음도 생동감이 넘쳐 팔을 휘두르며 보폭을 넓게 뛰며 씩씩하게 걷고 있다. 양재천변의 갈대도 너울너울 춤을 추며 새로운 갈대에 자리를 내줄 채비를 한다. 아무리 칼바람이 불어온다 해도 화사한 봄볕을 당할 수 없나 보다. 청계산 꼭대기 산봉우리의 희뜩희뜩하던 눈이 어느새 녹아버렸다.

화사한 봄빛에 무력하게 사라진 얼음장도 그 사라짐이 우리네 인생과 같고, 올 것은 오는가 보다. 녹아버린 얼음장처럼 자연의 순리와 순환의 법칙 앞에 우리의 삶도 순종하게 된다.

봄이 가면 여름이 오고, 가을이 가면 겨울이 오듯이 우리의 삶도 차례대로 순환한다. 순환의 바퀴에 지나간 세월은 다시 돌아오지 않으므로, 오늘 하루가 처음이듯 하루하루 소중하게 보내야 한다. 우리에게 가장 중요한 것은 건강이다. 건강을 잃으면 세상 모두 잃는 것과 같다. 그다음이 행복이다. 행복의 잣대는 외부에서 오는 것이 아니라 내가 이끌어 가는 것이다. 두 가지 조건은 네 탓이 아니고 나의 탓이다. 나의 노력 여하에 따라, 결정되는 것이다.

누구든지 자기 삶을 주도적으로 살아갈 때 행복을 경험한다. 행복은 존중, 성장, 유능, 지지, 자유와 같은 것으로서 내면의 욕구에 의해 결정된다.

윈스턴 처칠도 시련과 기회는 내가 바꾸는 것이라고 했다. 낙관주의자는 모든 시련 속에서 기회가 온다. 행복은 그저 일상의 삶을 잘 살아가는 것. 하루의 시작을 기분 좋게 열고 하루의 끝을 기분 좋게 닫아야 한다. 인간은 천성적으로 도덕적인 존재이다. 모든 행위에 옳고 그름을 판단할 수가 있다.

아침 햇살, 멀리서 불어오는 봄바람, 불타는 저녁노을, 밤하늘의 별들이 우리에게 모두 선물이다. 행복한 사람은 세상 모두가 선물이라 생각한다. 행복은 마음을 관리하고 정리하는 일이다. 사랑하고 있을 때 세상이 경이롭고 감사할 게 많아 평화롭고 행복하다. 나이가 듦에 행복감이나 삶의 만족감은 줄어들지만, 삶의 만족감은 내면에 있어 감정의 깊이가 점점 늘어나고 있다. 나도 나의 감정에 천천히 충실하고 느긋하게 건강을 지키며, 하고 싶은 일만 하면서 살아가고 싶다. 넘어질 때마다 시련을 피해 가는 것이 아니라, 그 시련 속에서 스스로를 지켜나가는 삶이 훌륭한 삶이리다.

불행과 행복은 마음먹기에 달려 있으므로, 내가 책임지고 나를 다스리며 행복과 건강을 지키는 한 해가 될 수 있도록 스스로 다짐한다.

탓과 덕이 운명을 바꾼다

네 탓에 내가 이 꼴로 산다
네 덕에 내가 이렇게 산다.

네 탓에 불행한 삶을 산다
네 덕에 행복한 삶을 산다

네 탓에 힘든 하루를 보낸다
네 덕에 즐거운 하루를 보낸다

네 탓에 다리 아프게 걷는다
네 덕에 다리운동 하며 걷는다

시련과 기회는 내가 바꾸는 것
행복도 내가 만들어 가는 것

2023. 2. 12.

겨울 무장을 푼 봄

칼바람은 모든 땅을 동토의 땅으로 만들어 버린다. 삭풍 몰아치는 찬바람에 버티던 소나무도 겁먹은 듯 윙윙거린다.

살 에이는 듯한 추운 날, 밖에 나갈 때 패딩 잠바에 털모자, 털장갑, 마스크에 털 부츠로 무장한다. 법정 스님이 '그물에 걸리지 않는 바람'이라 했지만, 겨울옷으로 무장된 나의 몸은 바람 한 점 통과하지 못한다.

나는 겨울 눈보라를 몸으로 맞으며 혹독한 시련과 싸웠다. 또 수많은 풍상을 겪으며 온갖 삶의 애환을 끌어안고 세월 따라 말없이 뚜벅뚜벅 걸어왔다.

추운 동장군이 무섭게 돌진한다 해도, 눈보라 속에 피어나는 화사한 복수 꽃은 이제 겨울 무장을 하나씩 하나씩 벗기고 있다. 땅속에 숨었던 새싹이 봄볕을 받은 후 '나가도 될까?' 하며 고개를 쏙 내밀고 있다. 연두색 잎들이 앞다투어 씩씩하게 움트고 있다. 봄을 알리는 전령사들이다. 사랑의 봄은 해마다 설레는 마음으로 기다려진다.

나는 이때 창문을 활짝 열고 봄꽃의 인사를 받고 싶다.

계곡 옆 버들 강아지에게 인사를 받고, 꽃밭의 수선화와 튤립에게 인사를 받고, 산등성의 진달래 생강꽃에게도 인사를 받고 싶다. 봄꽃이 향기를 머금고 꽃망울을 터트리는 날, 우아하게 울려 퍼지는 찬가를 듣고 싶다.

마당 끝에 피어나는 매화 향기, 그 꽃의 그윽한 향기를 가슴 깊이 간직하고 싶다.

오늘의 꽃이 내일의 꽃이 아니듯, 나의 마음도 시간 흐름 속에 흘러가서 어제의 내가 아니다. 새로운 나로 잉태해서 새봄을 맞이하고 싶다. 이 봄이 빨리 가지 않기를 바라며 꼬옥 붙잡고 싶다.

천 년의 세월 동안 네 계절이 오고 가며 흘러가지만, 나는 새 생명이 움트는 봄을 가장 사랑한다, 그래서 봄을 항상 붙잡고 살고 싶다. 봄은 모든 조물주가 잉태하는 것처럼, 가슴을 항상 뛰게 하는 생명의 기쁨을 주기도 한다. 또 봄은 인생의 끝자락이 아니라, 사랑이 나를 향해 찾아오는 것처럼 새로운 시작 같은 설래임을 준다.

이것으로 볼 때, 세상도 하나이고, 인간도 하나이며, 우주도 하나이다. 그래서 삶을 잘 살아가고 있나, 누구에게 상처준 일이 없나, 늘 봄꽃 같은 따듯함을 주었나, 반성해 봐야 한다.

아지랑이 피는 봄날이다.

꽃밭 벤치에 앉아 지저귀는 새소리 들으며, 하늘에 흘러가는 구름 조각을 바라본다. 나의 삶도 구름처럼 떠다니고 있다. 발밑에 숨어 있는 하얀 민들레도 '나도 있으니 바라보세요'라며 속삭인다.

2023. 2. 19.

고라니 농장

남편의 농장은 고라니 농장이다.

아이들이 붙여준 이름이다, 처음 농장을 만들 때 황씨와 김씨가 만든 농장이라 황금농장이란 촌스러운 이름이었는데, 세월이 흐르면서 고라니 농장으로 아이들이 이름을 바꿨다.

농장은 산 중턱에 있었고, 고라니의 동네로 이사해서 살았으니 고라니 농장으로 변한 것은, 이상할 것도 없다. 이곳의 밭은 비스듬한 언덕 밭이었는데 삼 등분을 해서, 중간에는 집을 지었고, 집 밑 하단은 채마밭이다. 채마밭 가장자리로 빙 둘러 과수나무를 심었다. 손주들을 유혹하기 위함이다. 앵두, 매실, 블루베리, 체리, 초코베리, 자두, 포도, 키위, 사과, 구찌 뽕, 대추, 밤, 감, 호두 등이 봄부터 가을까지 시간에 맞추어 늦가을까지 익어간다.

채소는 고라니의 먹잇감이다.

가운데 밭에 참외, 수박, 호박 고구마, 고추, 상추, 토마토, 오이, 가지, 부추, 배추, 무, 들깨, 콩, 땅콩, 옥수수를 심는다.

남편은 말뚝을 박아 망을 쳐서 채소만큼은 고라니에게 주지 않으려고 안간힘을 쓰지만, 소용이 없다. 망을 뚫고 들어오거나 뛰어넘어 들어온다. 그중 부추, 들깨, 토마토만 남기고 연한 잎을 다 뜯어 먹고 뿌리도 남겨 놓지 않는다. 고라니가 냄새나는 채소를 먹지 않는다는 것을 알았다.

과수 열매는 새들의 먹잇감이다.

따듯한 봄이 오면 각종 과수들이 꽃을 활짝 피어 화려한 날갯짓으로 자태를 자랑하며 벌과 나비를 부른다.

작은 새는 작은 열매를 먹지만, 큰 새는 작은 열매부터 큰 열매까지 모두 쓸어 먹어 치운다. 특히 물까치는 가족 전체를 이루고 떼로 몰려온다. 물까치의 크기는 까치의 중간 크기인데 파란 하늘에 날개를 펴고 나는 모습은, 새의 군무를 보는 듯 화려하다. 날개와 꼬리 털은 파란색이며 하늘에 떼를 지어 머무르는 모습은 황홀할 정도로 아름답다. 이 모습은 새의 가족 모두를 모이게 하는, 하늘의 머무름 군무이다. 과실나무 한 그루에 온 새 가족이 머물다 가면 나무의 과실은 하나도 없이 사라지는 무서운 식욕을 가지고 있다.

할아버지의 몸은 쇠약하여 가는 데 손주들의 먹잇감이 하나도 없다는 것에 마음의 시름은 점점 깊어만 갔다.

작년 가을에 김장감을 유기농으로 손수 지어야 손주들에게 먹일 수 있다는 할아버지의 신념이 무 배추밭에 모기장을 씌어서 키우겠다는 발상을 하여, 모기장을 씌워 김장감을 길러 냈다.

가족들은 연로한 할아버지가 '땀을 펄펄 흘리면서 고생'하는 모습이 안타까워 '농장을 포기하라' 조언하지만, 오히려 '아무 일도 없이 가만히 앉아 죽는 날만 기다리고 있으란 말이야' 하고 더 화를 낸다.

가족들은 새는 막을 수 없고 펜스를 쳐서 아빠의 '채마밭이라도 일구는 기쁨을 주자'고 합의를 했다.

나는 채소 값보다, 몇 배의 펜스 값을 지불하는 아이들이 못마땅했지만, 늙은 부모의 소일거리에 아이들의 효심에 모른 척 넘어가기로 했다.

원래 이 터전은 고라니와 새가 주인이었는데, 사람이 산 중턱까지 침범하며 살고 있으니 사람만 피해 보는 것이 아니라 고라니도 새도 피해자임을 알고 있다.

『수필문학』 2023. 4월호.

자연의 무서움

고구마 줄기를 심었다.

자고 일어나니 서리가 내려 고구마 순이 얼어서 잎이 검게 변해 버렸다. 잎이 소금에 절인 것 같았다. 꽃잎이 만개한 봄에 아침 이슬이 내려야지, 서리라니….

"고구마 순을 다시 사서 심어야 돼."

"흙 속에 묻힌 줄기는 얼지 않은 것 같은데."

기상청에서도, '지구의 이상 기후 때문에 날씨를 예상할 수 없다' 했다. 날씨가 1개월 이상 한쪽으로 치우쳐져 있다는 의미는 기온, 강수량 등의 기후 요소가 전년보다 현저히 높거나 낮은 수치를 나타내는 현상을 의미한다. 가뭄, 집중호우, 극한 기후(폭염, 열대야, 한파) 등이 문제로 나타난다.

기후 변화는 태양 복사 에너지의 강도 변화나, 지구 궤도의 변화에 따른 자연적인 외부 인간 활동에 의해 발생한다. 예로 태양

에너지의 변화, 지구 공전 궤도 변화, 화산 활동, 내부 변동 등이다. 내부적인 원인으로는 온실가스와 대기 에어로졸*이 발생하여 토지 이용의 변화가 일어나기 때문이다. 농촌 지역에는 직접적인 피해가 있다. 이상 기온이 나타나면 작부 체계가 무너져 언제 심고 언제 거둬야 할지 예측이 어려워진다. 보리, 밀, 마늘, 양파 등 월동 작물의 생육이 빨라져 입춘 한파의 영향이 우려된다.

겨울이 따뜻하고 비가 많이 오게 되면 과습 상태가 돼서 작물이 냉해를 입을 가능성이 높고, 병충해도 심해진다. 과수는 1년에 한 번 수확하는데 날씨 충돌 문제로 수확을 망치고 그것이 장기화되면, 농민의 생존과 직결된다. 우리나라는 고령의 소농이 많아 기후 변화가 농촌 지역 빈곤을 심화시키게 된다.

온실가스 배출량을 극적으로 감축하려면 제조업과 수송 분야 축소가 필수다. 우리나라에서는 제조업이 중요한 경제시스템을 포기해야 한다는 점에서 쉽지 않을 것이다. '전환시대에 경제 성장과 화력과 원자력에 집착하는 것 자체가 위기'라고 비판한다. 기후 변화는 단순히 온도의 문제뿐만 아니라 식량 부족, 물 부족, 날씨 변화 등이 수반돼 미래 세대의 삶과 묶여 있다.

지구의 온난화는 인류적 위기를 초래할 수 있다.

지구의 온난화의 원인이 되는 이산화 탄소는 바닷속으로 흡수되어 해양 산성화를 높이는데, 이로 인해 해양생태계가 파괴되는 현상이 나타난다. 그리고 자동차, 비행기, 공장 등에서 배출되는 이산화 탄소는 지구의 오존층을 파괴하여 온난화의 가장 큰 원인 중 하나가 되고 있다. 또한 산림의 파괴도 지구 온난화의 원인이 된다.

지난해 독일 시민 단체 저먼 워치(German Watch)는 세계 각국의 기호 변화 실행지수를 분석한 결과 한국이 61개국 중 58위를 기록했다고 발표했다.

나이지리아는 석유산업을 위해 석유를 추출하는 과정에서 천연가스를 불법 소각하는 일이 흔해 주변의 온도를 높이게 되고 각종 유해가스를 내뿜는 등, 50도의 온도까지 올라가서 작물을 키울 수 없다. 각 나라에서도 여름철 온도가 섭씨 30도 나가던 나라들이 섭씨 44도까지 치달아 여름에는 밖의 생활을 할 수 없을 정도로 이상 기온이 장시간 이어진다.

우리나라도 1월 기온이 섭씨 영하 1.0도보다 3.8도 높은 수치다. 1월 내내 전국 평균 기온이 평년보다 높았다. 높은 기온 탓에 강설량도 최저 수준을 보였다.

기상청은 시베리아 지역의 따뜻한 남서 기류가 주로 유입됐고, 북극의 찬 공기를 가두는 '극소용돌이* 현상'이 강해 이상 기온의 원인으로 꼽았다. 또 서태평양의 높은 해수면 온도로 따뜻한 남풍 기류가 한반도로 유입됐다는 분석을 하였다.

이상 기온으로 생태계 곳곳에서 변화가 감지되고 있다. 기후변화 지표종인 '북방산개구리'의 첫 산란 시기도 한 달 가까이 빨라졌다. 제주 백서향도 예년에 비해 한 달 먼저 개화했고, 시기에 맞추어 피던 봄꽃도 한꺼번에 쏟아져 피었다.

매년 관광객이 몰려드는 화천 산천어축제는 개막을 두 차례 연기하기도 했다. 포근한 날씨에 비까지 많이 내려 얼음이 제대로 얼지 않아서 3주 가까이 미루다 결국 주최측은 주요 프로그램의 얼음낚시를 수상 낚시로 대체했다.

우리나라도 점점 겨울이 사라지고 무더운 여름만 계속된다는 우려를 하고 있다. 이상 기후의 변화가 서서히 일어나고 있다.

우리는 늦었지만, 생존을 위해서라도 온실가스를 줄이는 정책을 펴야 한다. 기후 변화에 대응하는 생활을 해서 이산화 탄소를 흡수하고 산소를 방출하는 숲 가꾸기를 열심히 해야 한다.

안전한 삶을 유지하기 위해 후대에게 자연의 소중함을 각인시켜 줘야 한다. 사람이 자연을 해치면, 자연은 사람을 해치기 때문이다.

2023. 5. 1.

*에어로졸: 기후 변화로 태양 복사가 대기의 상한에서 지표까지 도달하는 동안 대기 중 에어로졸에 의해 감쇄되는 효과를 나타내는 척도.(연무질, 미세입자, 화산재, 배기가스, 황사 등 지구 대기 중에 떠도는 미세한 고체입자 또는 액체 방울을 말한다.)

*극소용돌이: 북극이나 남극 등 극지방의 대류권 상층부부터 성층권까지에 걸쳐 형성되는 강한 저기압의 소용돌이로, 극권(Polar Circle) 전역에 영향을 미칠 정도로 크다. 북극에서는 반시계 방향으로 회전하고, 남극에서는 시계 방향으로 회전한다.

금화규 꽃차

“꽃 좋아하는 언니에게 꽃씨를 보냅니다.”

후배가 준 꽃씨는 식물 약초인데 꽃이 예쁘고, 꽃과 잎은 말려서 차로 먹기도 하고. 줄기와 뿌리는 콜라겐이 많은 약초라서 귀한 식물의 꽃이다.

나는 성급한 마음에 3월 중순쯤, 상추밭 한 귀퉁이에 씨앗을 뿌리고 냉해를 입을까 봐 비닐을 덮어 주었다. 4월 중순에는 이른 살구꽃이 흐드러지게 꽃망울을 터트려서 꽃씨를 심은 비닐을 열어 보았다. 한쪽 귀퉁이에 금화규 새싹이 분꽃의 떡잎처럼 뾰족이 나와 있었다. 꽃모종 내기는 너무 어려서 ‘다음에 와서 꽃모종 내야겠다’ 생각하며, 비닐을 다시 덮어 주고 서울 집으로 올라왔다.

그로부터 2주 후 남편에게서 전화가 왔다.

“당신이 심은 꽃이 하나도 없어.”

"분꽃처럼 떡잎이 나 있는 것을 보았는데 하나도 없다니 말이 돼. 누가 훔쳐 갔어."

"비바람에 비닐이 날아가서 얼어 죽은 듯해."

"비닐을 어떻게 덮었으면 날아가."

나는 황당해서 전화로 소리를 질렀다. 후배가 준, 듣지도 보지도 못한 귀하게 선물 받은 꽃씨라며 내게 주었는데, 비닐을 잘못 덮어 다 죽였다는 게 말이 되는가.

후배한테 뭐라고 얘기할까. 생각할수록 남편이 원망스러웠다. 나는 평상시 시골에 가면, 시골집 마당에 차를 주차하자마자 꽃밭으로 가는데, 남편은 나무 심은 곳으로 먼저 간다.

딸에게 '인터넷을 뒤져서 금화규 꽃씨를 사 보라'고 부탁했다. 얼마 후 딸에게서 전화가 왔다.

"엄마, 찾았어요. 그런데 그 꽃을 꼭 심어야겠어요? 세상에 이렇게 비싼 꽃씨는 처음 봐요. 씨알 하나에 3백 원이에요. 한 봉지에 10알 들었는데 3천 원이래요."

"그래도 사, 금화규씨 2봉지와 채송화씨 1봉지 사 줘."

며칠 후 새로 산 꽃씨 봉지를 신줏단지 모시듯 들고 시골에 내려갔다. 봉지를 열어 보니 무씨만 한 크기의 금화규 씨앗이 한 봉지에 10알씩 들어 있었다. 남편은 자기의 잘못으로 얼려 죽인 게 미안했던지 퇴비에 흙을 섞어 주면서 상추밭 한 귀퉁이에 골을 만들어 주었다. 나는 손가락 끝으로 그 씨앗을 한 알 한 알 집어서 정성껏 심었다.

보름이 지나자 시골에 있는 남편에게 '금화규 씨앗의 싹이 텄느냐'고 매일 물어보았다. 파종한 지 2주 후에 몇 개의 씨앗이 나오고 있다는 얘기를 들었는데 20알이 안 나왔다고 했다.

'모종 낼 때 시골에 가겠다'는 것으로, 문안 인사를 마무리하였다.

나는 금화규 꽃모종을 심기도 전에, 먼저 인터넷에서 꽃 구경을 했다. 노란 꽃의 아기 손바닥만 한 꽃을 따서 말린 후, 꽃차를 만들 계획으로 마음이 부풀어 오른다.

햇빛 쏟아지는 창가에 호젓하게 앉아 금화규 꽃차를 마시며, 긴 사색에 잠겨 보리라.

2023. 5. 2.

보내고 싶지 않은 동생

부활절 아침, 남동생에게 카톡이 왔다. 십자가의 7언 중에 4언의 내용이다.

"나의 하나님 어찌하여 나를 버리셨나이까"(마 27:46)

예수님이 부활하신 주에, 나는 이 카톡 내용을 보고 마음이 아팠다.

세계 부호들이 많은 투자를 하여 생명 연장을 위해 연구를 시작했다는 기사를 신문에서 보았다.

'알토스 랩스'사는 '세포 회춘 기술 연구'를 통해 부상, 장애를 극복하는 것이다. 연구 고문인 야마나카 신야 박사는 체세포에 특정 인자를 주입해 줄기세포 상태로 되돌린 연구로 2012년 노벨생리의학상을 받은 전문가다.

역 노화 분야는 아직 사람을 대상으로 한 임상 시험이 이뤄지지 않은 초기 단계이다.

'리트로 바이오 사이언스'사는 '세포 재프로그래밍'을 주요 연구 분야로 삼고 있다. 동물 실험에서는 세포를 되돌리는 과정에서 비정상적인 종양이 발생하는 부작용도 보고되고 있다.

'유니트 바이오 테크놀로지'사는 '노화 세포 제거 기술 연구'로 세포를 아예 없애는 개념이다. '좀비 세포'로도 불리는 노화 세포는 주변 정상 세포까지 영향이 미쳐 '뇌졸중, 골다공증, 근육 약화' 같은 다양한 노화 관련 질병을 부른다.

미국 '메이요 클리닉 연구원'은 지난 2016년 쥐에 '노화 세포를 제거'하는 물질을 투여해 수명을 17~30% 늘린 결과를 내놓기도 했다. 현재는 안구 혈관에 축적된 노화 세포를 제거해 노인성 안과 질환을 치료하는 약물 'UBX1325'를 개발해 임상 시험 중이다.

이밖에 젊은 혈액에만 있는 특정 인자를 찾아내 나이 든 몸에 주입하는 방식, 항노화 효과를 보인 기존 약물을 활용하는 방식 등도 관심을 끌고 있다.

이 모든 것이 임상 실험에서 성공을 거둬 노화 치료제로 승인하게 되면, 노화를 하나의 질병으로 인정받게 되는 셈이다.

우리나라의 경우, 정부가 주도해서 연구가 이뤄지고 있다. 한국생명공학연구원을 중심으로 14개 기관·대학·병원이 참여한 노화 융합연구단이 만들어졌다. 2028년까지 450억 원을 투자해 노화·진단·지연·치료 기술을 개발한다는 목표다.

'생물학적 나이를 정확하게 측정하는 진단 영역부터 노화 세포 제거 등을 통한 치료 영역까지 연구' 중에 있다. 일각에서는 노화와의 전쟁이 결국 소수 부자만을 위한 값비싼 치료제로 결론 날 것이라는 우려도 나오지만, 노화를 거스를 수 없는 숙명으로 여겨왔던 인식이 변한다. 언젠가는 의사에게 가서 10년을 되돌릴 수 있는 약물을 처방받는 일이 일상이 될 것이다. 노화 방지 과학이 시장에 가까워질수록 치료제가 얼마나 공정하게 분배되는지에 대한 윤리적인 의문도 커질 것이다.

남동생은 위와 같은 생명 연장 연구가 시작하기 2년 전에, 췌장암이란 병에 걸려 여러 곳으로 전이되어 의사들도 잔여 수명을 6개월로 보고 있다.

우리 형제들은 '마지막으로 가 보고 싶다'는 동생의 뜻에 따라, 성지 순례를 함께 다녀왔다. 그곳에서 나는 코로나에 감염되어 육체적 고통을 받으며 성지 순례에 참여했지만, 의사에게 동생이 '6개월밖에 살 수 없다' 얘기를 들으니, 온몸의 맥이 풀어지는 듯했다.

그것을 모르지 않는 동생은 '인위적인 심폐 치료는 받지 않겠다'고 주치의에게 말했다.

누구나 순간순간이 모여 인생이 되듯이, 동생도 하루하루 즐겁고 행복했던 생각을 하며 고통 없이 지내다가, 가장 사랑했던 부모님을 만나기를 간곡하게 빌어본다.

십자가 7언의 내용을 통해 두 손을 모아 본다

"아버지 내 동생의 영혼을 아버지 손에 부탁하나이다."(눅 23:46)

또 하나의 별이 되어

늦은 봄비가 쏟아져 마음과 몸을 적신다
가로수의 이팝나무꽃이 하늘하늘
덩어리덩어리 매달린 아카시아 꽃이
삶의 족적으로 뭉클뭉클 매달려 있다

여덟 개의 나무 중 네 번째 나무
우듬지 순으로 꺾여
빗속에 처박혔다

영가는 흰옷을 입지만
그 모습 처연하다

빌라도 법정에서 십자가 지고 골고다까지
아픔 잊은 성지 순례길에서
행복하고 즐겁게 행진하며 걸었던 너를

줄 지어선 이팝꽃, 아카시아꽃이 너를 배웅한다

2023. 5. 10.

바람을 일으키는 도구

손바닥이나 종이를 흔들어 바람을 일으켜 시원함을 느끼는 원리를 이용한 도구가 부채다.

현재 사용하는 '부채'라는 어원은 고려 송나라의 손목이 지은 『계림유사』에 '선왈채(扇曰采)'라 한 데서 살필 수 있다. 또 조선 성종 때 발간된 『두시언해』에는 '고추화선(高秋畫扇)'이란 말을 '노판가'로 『박통사언해』 '타선자(打扇子)'를 '부채질하였노라'로 번역하였다. 그리고 조선 중종 때 최세진이 언해한 『천자문(天子文)』'에도 '扇' 자를 '부채선'이라 하였음을 보아 고려시대와 조선시대에도 부채라는 용어가 사용되었음을 알 수 있다.

우리나라의 전통부채는 종류와 모양, 용도에 따라 나누어진다. 바람이나 햇볕을 가려주곤 하던 것 외 다른 별선(別扇)의 여러 종류가 있다.

깃털을 이용한 우선(羽扇), 새의 깃털로 만들 수 있으나 몸집이 큰 새의 깃털을 주로 이용한다. 종류로는 공작선, 백우선, 치미선, 지우선, 오우선 등이 있다. 자루가 달린 둥근 부채인 단선(團扇)은 원선(圓扇)이라고도 하며 우리말로는 방구부채라 한다.

접선은 접었다 펼 수 있어서 접부채, 접어서 쥐고 다니기 간편한 부채란 뜻의 쥘부채, 거듭 접는다는 의미의 접첩선(摺疊扇) 등으로 불린다. 접선의 종류로는 백접선(白摺扇), 합죽선 가운데 살이 50개이면 접는 면은 백 번이므로 백접선이라 이름을 붙였다. 칠선(漆扇)은 부채의 살에 옻칠을 한 것. 홍선(紅扇)은 선면을 붉은색으로 만든 부채이다.

대접선(大摺扇)은 전체의 길이가 40cm 이상인 부채이다.

윤선은 부채를 펴면 360도 펼쳐져서 마치 차바퀴처럼 원을 이룬다.

혼선(婚扇)은 혼례식에서 신부가 초례청에 나올 때 얼굴을 가리는 도구로 사용한 것. 이외 합심선(合心扇)도 있다.

진주선(眞珠扇)은 홍선의 일종으로 조선시대 궁중에서 혼례 때 얼굴 가리개로 사용했다. 갖가지 보석을 붙여 사치스러운 부채이다.

대파초선(大芭蕉扇)은 파초의 잎처럼 생긴 큰 부채로 지붕이 없는 가마 가운데 평교자(平轎子)로 남녀 등이 타고 갈 때 그늘을 만들어 주는 용도이다. 임진왜란 때에 선조가 몽진 갈 때 바람이나 햇볕을 가려주곤 하던 당시 영의정이었던 유성룡(1542~1607)이 사용했던 대파초선이 경북 안동에 남아 있다.

지금은 여러 종류의 부채가 어쩔 수 없이 세월에 밀려 자리를 내어주게 되었다. 플러그만 꽂아 주면 바람을 쌩쌩 돌리는 선풍기, 또는 에어컨이 여름철 땀을 식혀주고 있으나 젊은이들은 손 선풍기를 얼굴에 대고 걸어 다니면서 바람을 일으키고 있다.

에너지도 아끼고, 자연환경을 파괴하지 않고, 지구의 오존층을 보호하는 부채야말로 더 멋진 바람이 아니던가?

오늘날 대접선의 부채에 그림을 그리거나 교훈이 되는 말을 써서, 선물로 주고받고, 또 인테리어로 쓰이는 경향도 있다. 또는 판소리에서 접부채로 소리꾼들이 부채를 폈다 접었다 하면서, 추임새를 넣어 흥 돋기도 하며, 다양한 장면을 나타내기도 한다. 줄타기에서도 줄광대가 줄 위를 걸으면서 한 손에 접부채를 들고 균형을 잡아가기도 한다.

겨울날 아궁이의 왕겨가 타지 않아 연기가 날 때 풍구를 아궁이 앞에 놓고 돌린다. 바람을 일으키며 불꽃이 일어나는 광경이 생각난다.

여름이 오면 어린 시절 엄마가 부쳐주던 부채 바람이 생각난다. 평상에 누워 별을 세며 잠을 청할 때 살랑살랑 부쳐주던 엄마 바람이 그립다.

나는 옛 생각을 하며 부채를 들고 열심히 부채질하면서 자연 바람을 모아본다.

2023. 6. 22.

세상은 바뀌며 돈다

남존여비(男尊女卑)가 여존남비(女尊南卑)로 가는가. 남자는 귀하고 여자는 낮고 천하다고 여기는 조선 시대(봉건시대) 풍습으로 인해, 그 시대 여인들이 아픔을 겪게 되었다.

청춘(노인) 학생들이 교실 가득 모였다. 이곳은 교육부에서 실시하는 '국가평생교육진흥원'에서 어른들에게 한글을 가르치는 국가지원 초등학교 속성반이다. 3년을 과정을 거치게 되면 초등학교 졸업장이 주어지는 코스다. 서울의 경우는 교육구청마다 2개교에서 실시한다. 지도 내용은 1년은 1, 2학년 과정, 2년째는 3, 4학년 과정, 3년째는 5, 6학년 과정이다.

학생들을 '청춘 학생'이라 부르고 있으며, 초등학교 교실에서 실시한다. 청춘 학생들은 옛날에 가난해서 학교를 못 다녔거나, 여자이기 때문에 교육의 기회를 놓친 사람들이다. 배움이 적어 훌륭한 남편을 못 만난 경우도 많다. 가난하여 치열한 삶을 살아온 청춘 학생들은 거미줄처럼 연결된 버스 노선을 읽을 수 없어 걸어 다녔다.

숫자를 몰라 은행에 가서 자신의 통장을 만들 수 없었고, 다른 사람을 통해서 통장을 사용했으니 살아가는 게 얼마나 불편했을까. 눈은 떴으나 읽고 쓸 수 없으니 모든 일에 자신감과 자존감이 떨어지는 사람들이다.

이들 청춘 학생들은 나의 숨소리라도 놓칠세라 열심히 귀 기울이는 모습들이 배움의 소중함을 실감하게 한다. 학습 과정 중에 체육 외에는 적령기의 어린 학생들보다 더 빨랐다. 어린 학생들을 가르칠 때는 부잡해서 남에게 피해를 주는 아동 때문에 힘이 들었다.

어느 청춘 학생은 손주를 봐줄 때, 동화책을 '읽어 달라' 하는 것이 가장 괴로웠다고 했다. 그때는 초등학교를 보내주지 않은 부모를 원망했다고 한다. 젊어서는 딸과 아들을 가르치느라 남대문 시장에서 족발 장사를 하면서, 자녀들의 뒷바라지를 했다고 하였다. 그 결과 아들은 외국에서 사업을 하며 살아가고, 딸은 변호사로 맞벌이를 하기 때문에 손주를 봐준다는 것이다.

봉건 사회의 무수한 여인들은 어려움 속에서 자존감 없는 한을 안고 살았음을 직감할 수가 있다.

이 시대 여인들은 남녀 평등하게 살아가므로, 모든 여자가 남존여비 사상의 봉건제도에 반기를 들고 있다. 결혼풍습도 모두 동등한 위치를 원하며, 남자들한테 손해 보지 않으려 한다. 남편

쪽의 시댁이 우선이라는 의식도 없을 뿐 아니라 거부한다.

조금이라도 '손해를 보지 않겠다'는 의식 때문에 결혼도, 아이 낳기도 거부한다. 결혼했어도 조금이라도 상대방의 잘못이 보이면 용서 없이 이혼한다. 봉건 사회에서 한이 많았던 황혼의 부부도 황혼이혼으로 가정이 파괴되고 있다. 어느 인류학자는 이런 추세가 계속된다면 '대한민국이 멸망(滅亡)한다' 하였다.

여자를 인격적으로 대해야 한다. 종속이 아니라 평등하게 대하도록 노력해야 한다. 나는 가정의 대 소사는 아들을 제치고 며느리한테 먼저 의논한다. 이런 게 아들을 위한 일이고, 아들 며느리의 행복한 삶을 볼 수 있기 때문이다. 나는 옛날의 봉건제도 의식을 빨리 바꿔 놓지 않으면 이 나라의 멸망이 빨리 다가오리라 생각한다. 그러므로 남존여비 의식을 여존남비의 의식으로 빠르게 바꿔 놓도록 노력해야 한다.

오늘날 여성들은 교육을 통해, 여자들을 억압했던 봉건사회에 반기를 들고 있다. 남녀가 인격적으로 서로 사랑하며 평등하게 살았을 때 인생을 후회 없이 살아가게 된다.

세상에 태어나서 죽음 앞에 섰을 때 '억울한 삶을 살지 않았다'는 생각이 들 때, 무엇이든 내 짐을 내려놓고 남에게 봉사하는 마음까지 들게 된다.

봉사로 인생의 끝자락을 장식할 때, 보다 나은 삶을 살아가게 된다.

2023. 7. 15.

조선 왕릉에서의 동창회

경기도 고양시 서오릉은 서쪽에 있는 5개의 능이란 뜻으로 규모가 큰 조선 왕릉군이다.

세조의 맏아들 의경 세자(추존 덕종)의 묘(경릉)가 조성된 것을 시작으로 예종의 창릉, 순회세자의 순창원, 인경왕후의 익릉, 숙종의 명릉, 정선 왕후의 홍릉이 조성되었다. 1970년대 영빈 이씨의 수경원과 옥산 부대빈 장씨의 대빈 묘가 이곳으로 옮겨져 5기의 능과 2기의 원, 1개의 묘가 있는 현재의 서오릉이 되었다.

왼쪽으로부터 창릉(조선 8대 예종과 두 번째 왕비 안순왕후의 능. 조선 8대 예종의 첫째 아들 인성 대군의 묘소 자리), 경릉(추존 덕종과 소혜왕후의 능. 조선 13대 명종의 아들 순회세자와 공회빈의 원), 명릉(조선 19대 숙종과 두 번째 왕비 인헌왕후. 세 번째 왕비의 인원왕후의 능), 익릉(조선 19대 숙종의 첫 번째 왕비 인경왕후의 능), 홍릉(조선 21대 영조의 첫 번째 왕비 정성 왕후의 능. 추존 장조의 생모 영빈 이씨의 원(수경원)), 조선 20대 경종의 생모 옥산 부대빈 장씨의 묘(대빈묘)가 있다.

아버지는 이 지역의 유지들이 만들어 준 학교에서 아이들 공부를 시켰다. 처음은 고등공민학교로 시작되었다. 6.25전쟁 때 피난을 다녀와 보니 집이 불에 타 없어졌다. 우리 가족은 새집이 완성될 때까지 경릉의 수복방에서 살았다. 공부가 끝나는 아이들은 동네와 가장 가까운 경릉으로 몰려와서 놀았다.

어릴 때 이 넓은 잔디밭에서 오빠들과 뛰어놀던 그리운 고향이었다. 이곳에서 우리 가족은 3년이란 세월을 지냈다.

초등학교 시절 봄에는 매회 학예회가 이곳 재실이 무대였다.

운동회 전날이면 동네 사람들이 모두 서오릉 야산을 뛰어다니며 들꽃을 꺾어, 아치형 개선문을 만들었다. 운동회 날이면 온 동네의 잔칫날이었다.

우리의 초등학교 동창회도 이곳에서 분기별로 4번씩 열린다. 동창회는 왕릉과 밀접한 관계가 있는 곳이다. 교외 학습도 왕릉의 풀밭에 앉아 공부했다. 나는 초등학교 동창회 날이 돌아오면, 나의 고향 집에 가듯이 마음이 설렌다. 친구들은 '아무리 바빠도 OO네 집에는 가 봐야 한다'고 경릉의 수복방 툇마루에 걸터앉는다.

늙은 남학생들이 늙은 여학생을 쳐다보며, "이곳에 장희빈 묘가 이사 온 후 여학생들이 드세진 것 같다"며, 늙은 여학생들을 놀려 댄다. 늙은 여학생들은 "옛날에 끊어간 고무줄 값이나 내놓아" 하며, 한참 웃고 떠들어 댄다.

우리는 옛날의 동심으로 돌아가 희끗희끗한 늙은 어린이가 된다. 주름이 삶의 계급장으로 얼굴 가득 새겼어도, 아랑곳없이 옛날얘기로 꽃 피운다.

우리는 왕릉의 푸른 솔밭 밑에서 시간 가는 줄 모르고 동심에 젖곤 한다. '부디 몸 관리들 잘하여 계속 볼 수 있도록 하자'고 악수하며 헤어졌지만, 집으로 오는 길에도 어릴 때의 동심은 계속 이어지고 있었다.

2023. 8. 6.

아픔의 성지 순례

"누나, 죽기 전에 '성지 순례' 가고 싶어."

1월의 어느 날 남동생이 아침잠을 깨우며 간절하게 전화했다. 이 동생은 나와 세 살 터울이라, 자라면서 티격태격하며 자랐다. 몇 년 전에 부모님의 산소 문제로 다툰 일이 있어, 마음이 항상 편치 않았다.

2년 전에 췌장암 선고받고, 커다란 수술을 한 후 "누나, 내가 잘못했어, 마음 풀어요"라고 했지만, 그래도 서운한 마음이 남아 있었다. 그 후 다시 폐암으로 전이되자, '예수님의 성지를 가고 싶다'고 간절히 소망했다.

친정 식구들이 모두 기독교 신자들이긴 했지만, 나는 결혼 후 종교에 커다란 믿음 없이 살았다. 그렇지만 동생의 마지막 소원이란 말에 차마 뿌리칠 수 없었다. 나는 여동생과 혼자된 올케를 동원해 같이 가자고 설득했다. 다른 동생들은 항시 나의 의견에 무조건 따라줘서, 동생의 소원에 동참하기로 했다.

한편으론 남동생이 무사히 성지 순례를 잘 끝낼지 불안했지만, 아픈 동생의 부인이 수간호사 출신이라 조금은 안심이 되었다.

여행을 떠나는 날, 이스라엘에서 코로나 검사지를 가져오란 말을 듣고, 오전 일찍 검사받은 영문 결과지와 비상약인 소화제, 진통제(타이레놀)와 캐리어를 끌고 인천공항으로 나갔다.

"누나, 고마워요."

인천에서 티에프케이항공 중동 비행기(이코노미)를 타고 10시간을 날아 아부다비 공항에 내렸다. 환자도 같은 좌석을 탔음으로 동생만 살펴보며 신경 썼다. 다섯 명의 가족 중 남동생은 기쁨으로 얼굴이 환했다. 부인인 올케를 바짝 동행시켰다. 밤을 이용해서 10시간을 날아 아부다비 공항에 도착했다. 또 10시간을 기다려야 그리스 아테네 가는 비행기를 탈 수 있다고 해서 찻집과 면세점으로 가서 많은 시간을 허비해도, 왜 시간이 안 가는지 지루하기만 했다.

아부다비 공항에서 4시간 30분 만에 아테네 공항에 도착하니, 저녁이 되었다. 우리나라와 시차가 6시간 생겼다. 우리 일행은 항구에서 가까운 허름한 호텔로 들어가서 하룻밤을 보냈다.

16일 오전 11시 30분, 피레우스 항구로 이동하여 크루즈 배로 승선했다. 배 안에는 여러 종류의 위락 시설로 스파, 수영장, 레스토랑, 바, 극장 댄스 홀, 탁구장, 족구장, 파티장 등, 많은 즐길

거리가 있었다.

처음 기착지는 쿠사다시 항구였다.

배는 항구에 정박할 때마다 배 안에 승객을 육지에 내려놓았다. 우리 일행은 육지에 내려서, 대절 버스를 이용해 터키 서부의 이즈미르주 남부, 에베소에 있는 아야솔루크 마을로 갔다. 그곳은 고대 도시 유적지로, 사도 요한이 인생의 말년을 보낸 곳이었다. 마리아의 집과 마리아 기념 교회, 그리고 누가의 무덤이 있었다. 또한, 바울의 일행이 당한 핍박당한 장소로서 핍박자 2,500명을 수용하는 극장도 남아 있었다. 기독교인들에게는 아주 중요한 도시였다. 바울이 2, 3차 선교 여행을 왔던 곳으로 이곳에 머물면서 고린도(고린도서)로 2개의 편지를 보냈다.

이스라엘의 예루살렘 베들레헴은 비아돌로사 십자가의 길이었다. 예수님이 빌라드 법정에서 십자가에 못 박혔기 때문에, 그분이 가신 골고다 길을 체험하기로 했다. 십자가를 세 사람이 들고 약 1km의 언덕길을 걸어가는데, 양옆으로 상가가 빈틈없이 둘러싸여 있었다. 신앙심이 많은 사람은 찬송가를 부르며 십자가 뒤를 따르고 있었다. 우리는 경사진 길을 따라가는데, 다리가 아파 걷지를 못하였다. 많은 인파에 묻혀 일행을 따라가느라 애를 먹었다.

우리 가족은 앞사람들과 간격이 떨어지지 않으려고 숨을 헐떡이며 따라갔다. 뒤에서 앞을 보니, 시골에 초상이 나면 상제들이 상여 뒤 선두에 서고, 지인들이 몇 줄의 행렬로 따라가는 모습과 비슷하였다.

한참을 따라가니 골고다 언덕에서 예수님이 죽임을 당해 염을 한 곳이라 하여, 교인들이 빙 둘러 엎드려 두꺼운 황색의 옥돌에 입을 맞추고 있었다. 그 옆에 긴 줄이 서 있었는데, 예수님의 부활하신 무덤을 보기 위해서라고 했다. 우리 가족은 그 긴 줄을 설 자신도 없어, 밖에서 긴 줄만 구경했다.

우리 일행은 헤롯 성전의 서쪽 외벽으로 이동하여 주후(主後)* 예루살렘 함락시 유일하게 남아 있는 벽, 통곡의 벽으로 갔다. 이곳을 통곡의 벽이라고 말했다. 일반 높은 벽을 반으로 갈라 한 쪽을 여자, 남자로 갈라놓고 벽을 향해 통곡했다 하여 '통곡의 벽'이라 했다. 유대인의 제일의 성지라고 했다. 감람산 814m 예루살렘 동쪽 겟세마네 동산에서 공생애를 마감하는 최후의 기도를 한 뒤 무리들에게 체포되어 '감람원'으로 불렸다. 그곳에서는 예루살렘 전체를 내려다볼 수 있었다.

오후에 배로 돌아와 숙소에서 잠을 자는데 열과 기침이 나기 시작했다. 언제나 이 여행이 끝날까 하며, 해열제인 타이레놀 2알을 먹고 잠을 청했다. 예수님이 십자가를 메고 피를 흘리고 가신 길을 맨몸으로 가느라 힘이 너무 들어 나중에는 다리가 떨어지지 않더니, 결국엔 '나도 몸살이 났나' 생각하며 잠을 청했다.

헤롯 성전 통곡의 벽에서 손을 대고 빨리 성지 순례가 무사히 끝나, 집으로 돌아가기를 기도하였다.

이튿날도 고열로 시달리면서 타이레놀을 먹고 다시 여행을 시작했다. 이스라엘에서 가장 최대의 항구인 하이파 항구로 밤새 이동하여 우리는 다시 배에서 내렸다.

갈릴리 호수로 이동하기 전에 갈릴리 전망대에 올라가서 갈릴리 호수를 내려다보았다. 구약성서에는 '키네렛 바다' 또는 '티베리아 바다'라고도 한다. 호면은 212m, 주위 52km, 깊이 약 50m. 대지구대 안에 있기 때문에, 호면(湖面)이 해면(海面)보다 낮았다. 성서와 관계가 깊은 호수이며, 호반(湖畔)에는 예수가 공생애(公生涯)를 시작한 가버나움과 예수의 제자인 시몬, 베드로, 야고보, 요한 등이 태어난 막달라가 있었다.

요르단강은 호수의 북쪽에서 흘러들어 남쪽으로 사해(死海)를 향하여 흘렀다.

사해(死海)란 지명은 성경 시대 이후에 붙여진 이름이고, 염분 함유량이 보통 해수의 6배에 달하여 생물이 살 수 없는 바다이기 때문에 붙여진 이름이다. 고대에는 죽은 바다로 불렀지만, 무한하고 풍부한 광물질로 인해 오늘날은 이스라엘 사람들에게 '생명의 바다'로 사랑받고 있었다.

그리스도교의 순례지인 베들레헴은, 예루살렘에서 남쪽으로 10km 떨어진 팔레스타인의 중앙산맥, 사해까지 계속되는 '유다의 광야'의 끝으로 예루살렘으로 가는 길의 연변에 있다. 예수 그리스도의 탄생지이며, 예수가 태어났다고 전해지는 동굴 뒤에는 성탄교회(聖誕敎會)가 있었다.

예수의 탄생부터 십자가에 못 박혀 죽을 때까지 정치적인 혼란과 종교적 탄압, 모래바람과 돌이 많고, 더워서 들과 산에는 작물이 자랄 수 있는 환경이 아니다. 사람이 살아가기 힘든 여건에서 많은 사람에게 복음을 전하니, 군중이 따라다녔다. 왕보다 예수를 따르는 국민을 본 정치인들이 예수를 핍박하여 죽음에 이르게 했다.

탄압을 피해 산으로, 굴로 숨어다니던 곳이 오늘날 성지로 변하여 많은 교인들이 성스런 곳으로 여기고 있다. 남동생은 기쁘고 환한 표정으로 예수님의 성지를 따라 걷고 있었다. 나는 예수의 성지를 찾다가 몸이 아파, 예수님 다음으로 고난의 길을 걷고, 걷고 또 걸었다.

2022. 11. 16.

*주후(主後): 기원 원년 이후, 예수가 태어난 해를 원년으로 이른다.

카자흐스탄 여행

6월 22일 인천 제1국제공항에서 오후 6시에 출발한 비행기는 카자흐스탄 알마티 공항에 새벽 1시에 도착했다. 현지 시각으로는 새벽 4시였다.

카자흐스탄공화국은 중앙아시아와 동유럽에 걸쳐 있는 나라이다. 러시아, 카스피해, 투르크메니스탄, 우즈베키스탄, 키르기스스탄, 중화인민공화국과 국경을 맞대고 있다. 1991년 12월 16일 소련에서 독립되었다.

인구는 1,800명 정도로 현재 130개 이상의 민족이 우호적으로 살고 있고, GDP가 7,400불이며, 고려인은 3%라 한다. 국가어는 카자흐어이고 러시아어를 공용어로 사용한다.

세계에서 땅의 크기가 아홉 번째이고, 한반도의 14배 너른 땅, 미개발지역은 러시아 이후 두 번째로 지하자원이 풍부한 큰 땅을 지니고 있다.

카자흐스탄은 관광 자원이나 개발이 되지 않아, 도로가 정비되지 않아 대중교통이 없어 불편한 점이 많았다. 반대로 개발되지 않아, 때 묻지 않은 자연이 훨씬 매력적이라 하는 사람도 있다. 목축업을 주로 하고 있고, 빵과 양고기, 소고기, 염소 고기가 주식이다.

카자흐스탄은 14개 지역 2개의 특별도시가 있다.

알마티가 70년 동안(1927~1997) 카자흐스탄 수도였다. 20년 전에 북쪽을 개발시키기 위하여 수도를 아스타나로 옮겼다.

남쪽 알마티시를 설립할 때 40만 명의 인구가 사는 곳으로 계획했는데, 현재는 3백만 명이 살게 되어 북쪽 아스타나로 옮기는 중이라 한다.

강우량은 일 년에 30mm 정도이고, 기후는 겨울에는 -30도 이하로 내려가 춥고, 여름엔 더워서 볕이 '이글거린다' 할까. 한낮에는 섭씨 38~42도 정도 올라가고, '달걀을 놓으면 익는다'고 가이드가 말했다.

청산산맥의(4000m) 빙산이 카자흐스탄 동쪽에서 서쪽으로 뻗어 있고, 키르기스스탄, 우즈베키스탄, 중국으로 펼쳐져 있다.

그 아래로는 풀 한 포기 없는 대머리 산이었고, 사막이라 버려진 땅이 더 많은 땅이었다.

23일은 알마티로부터 193km 떨어진 곳에 자리 잡고 있는 협곡 '차린캐니언'은 카자흐스탄에서 가장 이색적이고, 아름다운 계곡으로, 차린강(티엔산 북부에서 가장 깊은 강)을 따라 남동쪽에서 남서쪽으로 154m 뻗어 있다.

협곡은 3,000여 년 가까운 역사를 지니고 있으며, 날씨에 의해 형상된 독특한 모습이 바람, 침식작용에 의해 만들어진 사암 형상이 계곡을 성곽으로 조각해 놓은 듯 둘러싸여 있다.

잠코브 암벽의 붉은 적벽들은 흘러온 잔해가 침전되어 생긴 사력층으로 형성되어 있다. '차린캐니언'의 평지는 강물에 밀려온 회색 사력층으로 뒤덮여 있으며, 풍화작용은 자갈을 먼지로 잘게 부수었다.

'차린캐니언'의 바닥은 차린 강의 옛 모습을 고스란히 보여주고 있다. 가파른 경사 난 퇴적층은 150~300m이다. 수많은 협곡은 깊고 무질서한 계곡들의 연결을 형성하며 많은 화석이 발견되는 지역이다. 오랜 세월 동안 자연 침식으로 이루어진 캐니언 지역과 끝없이 펼쳐진 사막에서, 계절마다 다르게 꽃 피운다. 군락지의 모습을 나무 그늘도 없는 뜨거운 협곡을 걷는데, 땀은 비가 오듯 흐르고 그래도 '갈 때까지 가 보자' 하고 갔지만, 올 때는 너무 힘들어 주저앉고 싶었다.

아무도 살지 않는 자연대로의 광활한 대지의 위대함을 느끼게 해 주는 곳이다.

알마티시와 키르기스스탄의 이식쿨호수 사이에서 동서로 연결된 천산의 두 봉우리인 4,000m 이상의 자일리스키 알라타우와 퀴기 알라타우 봉우리다. 이 아름다운 빙하와 격렬한 강물, 가파른 계곡 지역은 여름 초원이 여행자에게 좋은 트레킹 장소이다.

알마티 시민이 여름이면 가장 많이 찾는 곳은 캅차카이 인공호수이다. 알마티시에서 1시간이면 갈 수 있는 모래사장과 수영하기도 좋은 이 인공호수가 각광을 받는다. 하지만, 그늘을 만들어 줄 수 있는 나무가 없어, 어디를 가나 땡볕을 걸어 다녀야 하기 때문에 고생이 많았다.

작지만, 가깝게 접근할 수 있는 여러 공원과 많은 자연, 숲의 혜택을 받을 수 있는 내 조국 대한민국에 태어난 것을 정말 감사드린다.

2018. 6. 22.

키르기스스탄 여행

카자흐스탄의 국경을 넘어 키르기스스탄으로 이동하였다.

시골 여행길에 트렁크를 끌고 다니듯 비포장의 울퉁불퉁한 길로 트렁크를 끌고 국경을 넘었다.

북쪽과 북서쪽으로 카자흐스탄, 남서쪽으로는 우즈베키스탄, 남쪽으로는 타지키스탄과 접해있다.

남동쪽으로 천산산맥의 일부를 이루는 알라타우산맥이 중국과 국경을 이루고 있다. 키르기스스탄은 키르기스산맥과 가까운 추강유역 해발 750~900m의 고지대에 자리 잡고 있다.

알라르차 · 알라메딘강이 흐르며, 볼쇼이 추이스키 운하가 북쪽으로 가로지르고 있다.

1926년 키르기스스탄 자치구가 키르기스 소비에트 자치 공화국이 되면서 비쉬켁은 공화국 수도가 되었고, 1960년대에 급속히 발전했으며 1959~1970년에 인구가 거의 2배로 늘어났다.

키르기스스탄은 중앙아시아 내륙공화국으로 소연방국에서 소련이 붕괴되며 1991년 분리 독립한 후 독립 국가 연합회의 일원이며, 사회주의 국가였다.

2010년 4월 6일~12월 14일까지 일어난 쿠르만베크 바키예프 퇴임을 요구하는 자들의 튤립혁명으로 중앙아시아 국가 중 유일하게 사회주의 국가에서 민주국가로 변했다.

종교는 이슬람교 75%, 러시아 정교 20% 기타 5%이며, 언어는 키르기스어 64.7%(공식어), 우즈베크어 13.6%, 러시아어 12.5%(공식어), 기타 9.2%이다.

중앙아시아 중국 쪽의 서쪽에 위치하고 면적은 199,951㎢ 인구는 674만 명 정도, 민족은 키르기스인 64.9% 우즈베크인 13.8% 러시아인 12.5% 기타 민족 8.8% 등 70여 민족이 어울려 살고 있다.

키르기스 공화국은 이슬람교가 우세한 국가이기 때문에 해당 율법에 따른 기도 예절이 존재한다. 길을 가다가도 정해진 시간이 되면 절을 하는 시민들을 볼 수 있다.

이슬람교도는 돼지고기를 먹지 않는 사람이 많으며, 양고기나, 소고기 등을 먹는다. 돈이나 물건 등을 건네줄 때는 왼손을 사용하지 않는다.(왼손은 더러운 것으로 여기는 현지 풍습의 영향)

고려인이 1937년 러시아에서 강제로 이주되어 거주하는 지역이므로 어느 곳에서든 접촉이 있을 경우 '그들에게 아픔을 주는 행동을 해서는 안 된다'는 가이드의 주의가 있었다.

천산산맥 티엔샨 산맥에서 가장 높고 웅장한 곳인 중앙 티엔샨은 키르기스스탄의 동쪽 끝에 있으며, 남동쪽 끝에 중국과 카자흐스탄의 국경을 형성하고 있다.

5,000m가 넘는 수십 개의 봉우리들이 늘어선 산악지대인 키르기스스탄은, 중국 국경에 있는 7,439m의 장관인 피크빠베디(승리봉)와 키르기스스탄, 카자흐스탄 국경인 티엔샨은 가장 아름다운 봉우리인 6.995m의 칸텐그리그리가 솟아 있다.

키르기스스탄은 연간 300mm의 강수량을 지닌 건조한 사막을 이루고 있는 나라지만. 천산산맥의 빙하물이 여러 곳의 호수를 이루고 있어 목초지가 많아 목축업이 발달하고 감자와 밀 재배를 하는 나라이다.

국토가 대부분 산이어서 중앙아시아의 스위스라고 부르기도 한다.

역사 박물관 앞에는 지금도 레닌이 건재하고 있다. 소련이 지워졌다고 하지만 레닌 동상 서쪽에는 키르기스스탄 국기 게양대가 있다. 게양대에는 경찰 두 사람이 춥거나 더운 날씨에는 아랑곳하지 않고 부동자세로 서 있다. 이 광장을 가로질러 택시나 전차 등이 지나가는데 어떤 전차의 측면에 대형 LG 광고판으로 장식되어 있다.

우리의 불행했던 고려인들이 이 광고판을 보고 대한민국의 서러웠던 과거를 치유하였으면 하는 마음이 든다.

이식쿨호수는 퀸게이알라타우와 테르스카이 알라도우 지역의

4,000미터의 봉우리 사이에 위치하여 물로 가득찬 거대한 웅덩이다.

이식쿨호수는 알라투산지가 북쪽에서 불어오는 차가운 공기와 중앙아시아에서 불어오는 뜨거운 공기를 막아주기 때문에 겨울에 얼음이 얼지 않고 덥지도 않다.

이식쿨호수는 해발 1,600킬로미터 높이에 위치하고 있으며, 길이는 170킬로미터, 너비는 70킬로미터이며, 수심 688m로 남미의 티티카카호수에 이어 세계에서 두 번째로 큰 산악호수이다

후배와 나는 아침에 일어나 숙소에서 빠져나와 이식쿨호수에 발을 담그고 있었다. 어떤 외국인 세 명이 수영하고 있었다. 6월 하순의 이식쿨호수 물은 수영하기에 차가웠다. 얼마 후 덜덜 떨며 물에서 나왔다. 나도 발만 담가보고 그냥 나왔다. 이식쿨호수의 수영 온도는 우리 나라 7월 하순에서 8월 초순이 가장 적당하다고 한다.

나라마다 지역적인 특색은 있으나, 모든 국가는, 자신의 나라를 발전시키기 위해 노력하고 있다. 관광객을 받을 준비를 열심히 하고 있었으며, 중앙아시아는 고려인들이 강제로 끌려간 곳이다. 국가에서도 그들을 위해 어떤 위로가 있었으면 좋겠다는 생각이 든다. 관광객들은 내 국민이 징용에 끌려간 선조들을 위해서라도 위신이 깎이는 행동, 국격을 떨어뜨리는 행위를 해서는 안 된다.

2018. 6. 24.

우즈베키스탄 여행

우즈베키스탄은 과거의 실크로드의 중심지였다. 중앙아시아의 다른 국가들에 비해 수자원과 다수의 오아시스가 있다.

우즈베키스탄의 수도는 타슈켄트이며, 면적은 447,400㎢, 남한의 4.5배이고, 인구는 약 3,600만 명이다. 120여 개의 민족이 있다. 종교는 이슬람교, 회교(수니파) 신자들이 대부분이다. 언어는 러시아어, 우즈베키스탄어를 사용하며, 사막성 기후권(1월 평균 20도/ 7월 평균 45도)이다.

타슈켄트는 우즈베키스탄의 제1 수도이자 러시아연방 시절 중앙아시아의 수도이며, 인구 213만 이상의 대도시이다. 과거 동양과 서양을 잇는 유라시아 횡단길, 실크로드의 중심지이다. 타슈켄트라는 말은 투르크어로 돌(타쉬)의 나라(켄트)라는 의미이다. 1966년 대지진으로 도시의 70%가 파괴되었으나, 이것을 계기로 현대적 도시로 탈바꿈하였다.

타슈켄트의 외곽에 있는 들레들레보 마을에는 스탈린이 강제 이주 정책으로 연해주 극동지역에 살던 한인들이 쫓겨와 정착하게 된 고려인 마을이 있다. 마을 중앙엔 고려인 1, 2세대 어른들이 시간을 보내는 시온고 노인회관이 있다.

9월 중순 연해주에서 벼농사를 짓고 추수 날만 기다리던 어느 날 예고 없이 가축 트럭에 실려 이곳 들레들레보 들판에 던져졌을 때, 갈대숲만 우거진 너른 황무지 벌판에서 추위와 굶주림에 떨며, '굶어서 죽고, 얼어서 죽은 자들이 셀 수도 없이 많았다'는 할머니의 눈물 어린 말씀에 나도 눈시울을 적셨다.

그곳에는 김병화 박물관이 있는데 조카딸인 80세 노인이 관리를 하고 있었다.

김병화는 꼴호즈(집단농장)의 지도자로서 강제 이주 직후 3백만 평의 황무지를 사방에 물길을 놓고, 밀 옥수수, 벼농사 등을 짓는 황금 들녘을 만들었다.

세계 2차 대전 중 후방에서 대대적으로 식량 지원을 한 공로로 훈장을 받았다. 그의 이름을 딴 거리가 있고, 그의 동상과 기념관이, 이 머나먼 중앙아시아 땅에서 고려인의 자랑이자 한 민족의 자랑으로 방문객들의 가슴을 뿌듯하게 하고 있다.

사마르칸트는 우즈베키스탄의 제2의 수도로서 인구는 약 40만 명의 우즈베키스탄의 도시이다. 사마르칸트를 상징하는 대표적 장소인 '모래땅'이란 뜻의 이 광장은 옛날에 모래로 뒤덮인 사막이었다.

소련 각지에서 3만 명 이상의 노동자가 투입되어 2~3년 만에 도시를 완전히 새로운 근대도시로 재건하였다.

타슈켄트에서 약 4시간 소요되며 실크로드의 중심지였으나 1220년 칭기즈칸에 의해 패망했지만, 11세기 티무르 왕조가 다시 사마르칸트를 일으켜 동방의 로마로 키우고자 하였다.

또한, 풍부하게 매장된 석유, 가스 자원을 바탕으로 한 석유화학 산업, 카라쿨 양모 생산을 포함한 경공업, 그리고 식품공업을 중심으로 국가 경제 발전에도 힘쓰고 있다.

1991년 우즈베키스탄이 소련에서 독립한 이후 우즈베키스탄 인구의 대다수를 차지하는 우즈베키인은 터키와 이란 등 이슬람 국가들과 교류를 기반으로 전통 이슬람 문화를 복원시키는 동시에 공동체를 중심으로 한 상호부조, 노인과 부모 공경, 손님 환대 등 아름다운 전통 문화를 복원, 부흥시키는 데 힘쓰고 있다.

지금도 이 도시는 티무르왕이 좋아했었던 이유로 주로 건물이 모스크와 메드레세(신학, 천문학, 역사, 수학, 음악 등을 가르친 종합 교육기관) 돔 형식의 건축물의 푸른색 벽돌로 장식되어 있다.

우즈베키인은 인종적, 민족적, 문화적, 종교적으로 다양한 요소가 융합되어 형성된 타민족, 타문화 수용력과 그에 대한 적응력이 뛰어나며, 천성이 온화하고 낙천적이다. '다른 것'에 대한 관용과 공감, 문화적 가치를 중요시하고 있는 21세기 우즈베키인이 훌륭해 보였다.

2018. 6. 28.

긍정과 순리로 세상을 내다보는 맑은 유리창

오경자
(국제PEN한국본부 부이사장, 문학평론가)

글은 곧 사람이다. 특히 수필은 자신의 이야기를 쓰는 글이다 보니 자연스럽게 작가의 모습이 투영되기 마련이다. 모든 사람들이 살아가면서 공통적으로 경험하는 일들 속에서도 유난히 그 작가만이 어떤 문제점을 발견하기도 하고, 어떤 것은 사랑하고, 어떤 것은 싫어하는 다름이 독자에게는 공감이라는 선물을 안겨주기도 한다. 수필은 이래서 수필을 아는 사람만이 즐길 수 있는 특성을 지니게 되는지도 모르겠다. 수필은 어느 경우에나 자신의 체험을 바탕으로 해서 솔직하고 진솔하게 글을 풀어가는 것이 특징이고 매력이다.

수필가 김영분은 담담한 필치로 아주 평범한 속에서 진주를 캐내 보이는 재주를 지니고 있다. 가족 사랑을 노래하되 어느 글에서나 유난스럽게 깊이 빠져들어 눈물 콧물 나게 하는 그런 필치가 아니라 담담하고 당당하다. 그 바탕은 긍정과 순리이다.

그는 수필집 책머리에서 「자전 수필집을 내면서」라는 제목으로 첫인사를 청하며 독자를 찾아온다. 수필이란 단어로 얼굴을 내미는 게 부끄럽다며 꼭 혼자 뒤꼍에서 맛있는 것을 훔쳐먹다 들킨 마음처럼 민망하고 부끄럽다고 솔직한 심정을 담고 있다. 여기까지 살아오는 동안 나를 생각하면 후회와 번뇌가 많았지만, 앞만 쳐다보며 뚜벅뚜벅 걸어오기를 잘했다고 나에게 칭찬하고 싶다는 말로 인사를 맺는다.

해맑은 영혼의 수필가

자신이 가장 좋아하는 말이라고 밝히면서 '그냥'을 노래한다. 자신은 그냥을 스스럼없이 잘 쓴다는 이야기를 그야말로 그냥 적어 나가고 있다. 그냥을 그냥으로 받아들일 수 있는 것은 영혼이 해맑기 때문이라고 생각된다.

'그냥'이란 낱말은 일상적으로 표현하면서 일반적으로 '아무런 일 없이' '특별한 이유 없이' '간단하게'의 뜻을 가지고 있으면서, 여러 가지의 뜻과 의미를 상황에 따라 내포되기도 한다.

나는 오늘도 '그냥' 창밖을 쳐다보다, 컴퓨터 자판을 두드리며 생각에 젖곤 한다.

그냥

딸에게 전화가 왔다
'잘 있었니? 전화 왜 했니'
'그냥 전화해 보았어'

무슨 일일까

아이들한테 문제가 생겼나
사위 사업에 문제가 생겼나

그냥이란 말에 많은 의문의 꼬리를 문다
자식 많은 엄마의 걱정이겠지
엄마 목소리를 그냥 듣고 싶었을 거야

-「내가 좋아하는 낱말」 중에서

이 수필에서 그냥이라는 말은 작가 김영분의 정체성을 오롯이 표현해 내고 있다. 김영분은 자신의 농장에서 꽃차를 말리면서, 그 차 한잔을 마시면서 아이처럼 순진무구하게 그 자체를 즐긴다. 티 없이 맑은 영혼임을 느끼며 공감하는 독자는 저절로 마음이 깨끗해진다.

어릴 적 함께 자란 이종사촌 여동생으로부터 소파를 선물 받고 감사해하며 그들 부부의 계속적인 성공을 빈다. 작가는 어린 시절 자신의 집에 갑자기 홀로된 이모가 아이를 데리고 오던 때를 회상하는 장면도 아주 간결하고 담담하게 그려내고 있다. 그 시절을 통해 이모에 대한 정과 현재 사업가로 성공한 동생의 남편과 그의 제품 소파를 받으며 느끼는 만감을 순수하게 그려내고 있어 독자는 작가의 맑은 영혼을 또 한 번 느낄 수 있다.

자연 사랑도 지극히 담담하게 표현하는 은유와 절제의 미학

김영분의 자연사랑은 남편이 마련하고 귀농 수준으로 집착하는 농장에서 비롯된다고 보아도 과언이 아니다. 그런데 그는 자연을 모두 사랑한다. 다만 담담하게 단상을 말하고 지나갈 뿐이다. 수선스럽게 자연을 극찬하거나 깊이 매몰되는 것이 아니라 그저 일상을 통해서 툭툭 건드리듯이 아주 심상하게 그때그때 아주 시기적절하게 심정을 표현하는 것뿐이다. 그것이 그의 자연 사랑 고백이고 진솔한 묘사이다.

> 어릴 때 친구네 집의 울타리 안에 빨간 앵두나무가 익던 모습이 부러웠다. 새콤달콤한 예쁘고 맛있는 빨간 앵두를 한 움큼 얻어먹으면, 최고로 고맙고 맛이 있었다.
>
> 빨간 앵두를 따다 놓고 먹으면서 생각하니, 물까치의 먹이를 빼앗아 먹는 기분이 들었다. 물까치야 우리 협상하자. 너 반, 우리 반, 같이 따 먹으면 어떻겠니.
>
> -「추억의 앵두」 중에서

어릴 적 앵두에 얽힌 사연을 떠올리고 지금의 앵두나무에 탐스럽게 익어가는 앵두를 보면서 까치 떼가 무차별적으로 따먹는 것을 막고자 새총도 쏘아보고 여러 노력을 하다가 어렵사리 앵두 한 움큼을 따다 먹으면서 소박한 행복감을 우회적으로 표현하고 있다. 그러면서 물까치의 먹이를 가로챈 것 같아 미안하다는 소회를 밝히는 것은 솔직하고 소박한 자연 사랑의 표현이 아닐 수 없다.

이뿐이 아니다. 고라니가 농장의 배추 무를 다 먹어 치운 현장에서도 여전히 여유로운 자세로 고라니와 협상한다. 고라니의 침입에 맞서 삼세번씩이나 배추씨를 뿌려서 겨우 수확한 배추 무로 김장을 하는 날 힘든지도 모르고 일을 하면서 고라니에게

두 번은 네가 먹었으니 이번 세 번째 것은 우리가 먹을 테니 그리 알라고 응수하는 장면은 해학적이고 가슴 뭉클하게 하는 자연 사랑의 극치라 할 만하다.

남편이 밭에 배추 200포기를 심어 놓고 산에서 일하고 내려와 보니 '고라니가 배추를 다 뜯어 먹었다.' 하소연을 한다.

"배추가 땅 맛을 보고 예쁘게 자라는 것 같았는데…" 전화기 속으로 말하는 남편은 허탈한 목소리였다.

"계절이 늦지 않았으니 다시 심든지 해요."

"당신은 배추를 고라니가 먹으라고 심은 것 같네. 망을 쳐야지 망을…."

"배추는 원래 고라니가 안 먹었어, 그래서 무는 심지도 않았어, 에잇, 힘들어도 망을 쳐야겠네."

해마다 무, 배추는 심어도 고라니가 배추는 먹지 않았고 무는 싹이 나기 무섭게 다 뜯어 먹는다.

남편은 두 번째로 배추 모를 사다 심고, 망을 쳤다. (중략)

나는 가족들이 1박 2일간 불편하지 않도록 숙식을 제공해야 한다. 김장 때 필요한 양념거리를 미리 마련하려고 가족들이 오기 4일 전에, 시골에 먼저 내려간다. 김장 준비를 해야 하기 때문에 일주일은 쉴 새 없이 움직여야 한다. 내가 일주일 고생하면 열 가족의 김장이 해결되고, 아이들도 즐거워하니, 나도 즐겁다. 솜씨는 없지만, 재료가 좋고 다 '맛있다.' 하니 마음도 행복하다.

삼세번 째 배추 심기는 남편의 끈기로 고라니를 이겼다.

고라니야, 두 번은 네가 먹었으니, 한 번은 열 가족의 겨울철 반양식이니, 우리가 먹을게, 그리 알아라.

-「고라니를 이긴 남편」 중에서

남편에 대한 은근한 존경심에 가까운 사랑을 행간에 묻고 있는 기막힌 은유이다. 고라니에게 밉다는 표현 없이 마치 사람과 타협하듯 하는 작가의 면모가 바로 김영분 자신의 모습이다.

또 「고라니 농장」이라는 작품에서 원래 이 터전은 고라니와 새가 주인이었는데 사람이 산 중턱까지 침범해서 살고 있으니 사람만 피해 보는 것이 아니라 고라니도 새도 피해자임을 알고 있다고 설파함으로써 역지사지의 모본을 보여주어 수필의 깊이를 더하고 있다.

추운 겨울날 들고양이 한 마리가 얼어 죽은 것을 발견하고 언젠가 자신의 삶도 저렇게 사라질 것이라고 일체감을 보이며 남편에게 잘 묻어달라고 부탁한다.

자신은 동물을 별로 사랑하지 않는다면서 속 깊은 연민의 정을 보이는 수필은 김영분의 자연 사랑을 또 다른 면에서 보여주는 일면이다.

> 장작더미 옆에 누런 고양이 한 마리가 죽어 있었다. 나는 깜짝 놀라 외쳤다.
>
> "누런 고양이가 얼어 죽었나, 굶어 죽었나 아니면 더 큰 산짐승한테 물려 죽었나, 살펴봐요."
>
> 남편은 누런 고양이를 이리저리 돌리며 살펴보았다.
>
> "물린 자국도 없고, 굶어 죽은 것 같지도 않고, 병들어 죽은 것 같지도 않고, 자연사인 것 같아.' (중략)
>
> 시골에서 서울 집에 올 때는 고양이들이 비가 오거나 추우면 밖에

서 떨지 말고, 텐트 창고에서 지내게 텐트 문의 지퍼를 끝까지 내리지 않았다. 그래서 고양이들이 텐트 창고에서 지냈다.

2년 전에 수해를 입어 산 계곡의 다리가 끊어졌다. 물길이 다른 벌판으로 흐르고 있었다. 남편은 비가 멎자 수해 복구를 위해 집에서 700m 넘는 산까지 갔다. 그때 검은 점박이 고양이가 남편을 따라와 걱정을 함께해 주는 듯하여 신기하였다. 정말 고양이는 영물인가.

나는 꽁꽁 언 누런 고양이를 길가 양지바른 곳에 묻어 주라고 남편에게 부탁했다.

내가 다니는 길목에서 '나의 발자국 소리를 듣고, 내 주변을 돌고 있으라'고 누런 고양이 영혼에게 말했다.

동물도 자기 수명이 다되면, 밝은 햇살과 바람, 주홍빛 노을을 모두 두고 떠난다. 모든 만물의 생명체는 찬란하고 화려했던 과거를 남기고, 쓸쓸하게 허공으로 사라진다.

나의 삶도 언젠가는 고양이처럼 사라질 것이다.

－「들고양이의 죽음」 중에서

남편이 마련한 농장에서 자연과 함께 하는 시간들을 갖는 속에서 힘든 심정도 솔직하게 담아내고 그 속에서 맛보는 삶의 진수도 해맑게 그려내는 김영분의 수필은 자연사랑 그 자체이기도 하다.

사랑과 삶의 고비들을 수채화처럼 그려내는 수필

인생에서 사랑과 이별은 필연적으로 우리와 함께한다. 사랑은 누구나 하고 싶지만, 이별을 좋아할 사람은 아무도 없다. 하지만 어차피 겪을 일들을 어떻게 맞고 보내는지는 천양지차가 있다. 이왕 당할 슬픔을 어떻게 승화시키느냐가 남은 자의 행불행을 가르는 분수령이 된다. 김영분은 그 이별을 노래하는 데 있어 혈육의 정을 잘 담아내면서 담박한 문장으로 이끌고 나감으로써 독자의 가슴에 깊은 울림을 주는 수필을 빚는 데 성공했다.

신산스럽게 동생을 떠나보내는 마음은 어떤 말을 들어도, 가슴이 답답하기만 했다. 밀려오는 슬픔은 등덜미에 서늘한 얼음 조각들이 흐르고 있었다.

'잠시 왔다 가는 인생이 이렇게 힘들게 고생만 하고 가는구나!' 생각하니, 가슴에서 커다란 울분과 슬픔이 폭포처럼 쏟아지고 있었다. 어떤 사람은 '소풍 왔다 가는 길'이라 말을 하지만, 동생이 고행길만 걷고 가는 게 너무 불쌍하여 가슴이 먹먹했다. 어떤 어휘도 애달픈 나의 마음은 나와 상관없는 얘기일 뿐이다. 막둥이 남동생은 내게 아픈 손가락이었다. (중략)

이젠 다시 만남을 기약하듯 이별했고, 다시 만날 수 있을 거라고 생각은 하지만, 싸늘한 손목을 오래오래 잡고 놓고 싶지 않았다.

어릴 때 내 등에 업고 양지바른 곳에 서서 햇볕을 쬐었는데, 먹구름 속으로 햇빛이 사라졌다.

먹구름이 덮이면서 암흑으로 변했다. 동생도 암흑 속으로 떠나가 버렸다.

–「아픈 손가락과 이별」 중에서

엄마를 생각하는 정이 꿈속에서 엄마와 함께 길을 걷다가 깨고 보니 너무 아쉬워 잠 못 이루며 이런저런 여러 가지 길들을 생각하며 인생을 반추하는 수필 '꿈속의 길'은 어머니에 대한 애틋한 그리움을 아주 담담하게 그려낸 수작이다. 한 편의 수채화 같은 글이다.

가족애를 잔잔하게 표현하는 바탕에는 솔직함이 물씬

수필에서 빠지지 않고 등장하는 것이 가족애가 아닌가 한다. 김영분은 이 가족애를 자신의 희생이나 헌신 등에 기초한 것들이 아니라 살아온 그대로의 추억 속에서 애환의 심정을 솔직하게 표현하는 것으로 수필을 써 내려간다. 젊은 시절 다 어렵게 살 때 열악한 환경에서 아이를 기르며 대가족의 살림을 살아가면서 있었던 일들을 그대로 진솔하게 쓰고 있다. 자신의 심정을 솔직하게 표현함으로써 수필을 고백의 문학이라고 했던 선배 문인의 말을 떠올리게 한다.

교사로서 학교생활에 충실하게 임하고 주부로서의 임무를 제대로 다해야 하는 어려움을 담담하게 상황만 묘사함으로써 판단을 독자에게 돌리는 여백을 많이 주는 방법 또한 수준급이다.

> 지금도 아픈 기억은 제사를 다 지내고 연탄불을 갈면 더 이상의 음식을 할 수 없는데, 음식물이 식었다고 다시 '데워오라' 한다. 난 그 찌개 그릇을 받아 들고 부엌에 들어가면 데워 갈 수 있는 곳도 없었다. 솥뚜껑에 손을 대면, 쩍쩍 붙었던 부뚜막에 앉아 울던 생각이 난다.
>
> 그해 겨울은 어찌 그리 서럽고 춥던지.
>
> 나의 결혼의 추억은 기쁨인가? 아픔인가?
>
> -「결혼의 추억은 기쁨인가, 아픔인가」 중에서

견디기 힘든 상황을 솔직하게 다 쓰고 나서 독백처럼 묻는 형식은 가족애를 은유적으로 나타낸 상징적 표현의 진수라 할 만

하다. 남편이 농장을 혼자 벌여놓고 자신은 어쩔 수 없이 딸려 들어가 생고생을 한다는 푸념을 하면서도 이런저런 이유로 농장 일을 함께하는 장면들은 그야말로 가족애의 단면들이다.

딸이 집수리를 하는 동안 잠시 친정에 와서 지내는 동안의 이야기를 쓴 「딸네와 동거」에서는 딸이 와서 좋으면서도 실제로는 불편함이 있는 심리적 부담을 있는 그대로 솔직하게 표현하고 있어 웃음을 자아내게 한다. 역설적으로 깊은 가족애를 맛보게 하는 작품이다.

자신의 정체성을 계속해서 찾아가며 사는 도전정신 돋보여

평생 교직에서 학생들을 지도하며 바른 교육을 위해 몸 바치는 일들을 해왔지만, 노년을 맞아 자기 정체성에 대한 물음을 계속하면서 도전하는 면모를 담은 글들이 많다. 그런 생활 철학이 김영분 수필의 또 하나의 큰 축이라 할 수 있다. 교육현장에서 몸소 겪은 이야기들을 통해 우리는 교육의 지엄함을 깨달으며 옷깃을 여미게 된다. 그렇게 역동적으로 살아왔으면서도 지금의 자신을 몰아세우고 있다.

> 공부하자. 공부!
>
> 나는 서점에 나가 대학 수필 창작 교재를 사서 요점정리를 반복하며 글을 쓰려고 컴퓨터 앞에 앉아 있다. 젊은 날 교편생활을 하며 정신없이 헤쳐나가던 그 의지 하나로, 마지막 파랑새를 잡기 위해 컴퓨터 자판을 두들기고 있다.
>
> '남은 시간, 내 삶의 방향을 환하게 밝힐 등대를 만들어 가자.'

싱싱한 푸른 잎도 날이 가면 낙엽이 되고, 예쁜 꽃도 언젠가는 시들기 마련이다.

삶이란 두 손에 잡히지 않는 햇빛 같은 것. 풀꽃처럼 피었다 티끌처럼 사라진다. 수많은 풍상을 겪으며 온갖 삶의 애환을 끌어안은 채 말없이 세월 따라 흘러간다. 하지만 지는 해가 격렬하게 타오르듯, 저무는 황혼빛도 가장 아름답다 하였다. (중략)

진작 글을 쓰며 파랑새를 빨리 찾지 못한 것이 아쉽지만, 남은 인생 파랑새를 쫓아 글을 쓰는 일에 삶을 마무리 짓고 싶다.

-「진작 나만의 파랑새를 찾을걸」 중에서

김영분의 도전은 생활 전체 속에 면면히 퍼져 있다. 항상 자신에게 처한 환경을 순리로 받아들이며 그 안에서 최선을 다하면서 새길을 찾는다. 그의 수필에는 항상 순리와 도전이 있고 그 결과는 승리로 이어진다. 수필이 곧 삶 자체임을 입증해 주고 있다. 수필가 김영분은 교사로, 아내로, 어머니로 승리의 노래를 부를 수 있는 삶을 살았다. 그는 이런 체험을 수필로 독자와 함께 나누며 수필 쓰기에 정진하는 노년을 아름답게 수놓아 가고 있는 중이다.

김영분의 수필은 그의 생활철학이나 살아온 생애처럼 맑고 투명하다. 인간관계에 있어서나 학생들을 가르칠 때의 마음가짐이나 가족에 대한 배려와 사랑 등이 모두 하나같이 아주 자연스럽게 조용히 흘러간다. 지나치게 주장을 내세우거나 교훈적인 언급은 찾아볼 수 없다. 김영분의 수필을 읽으면서 작가의 해맑은 영혼을 만날 수 있는 것은 독자의 행운이다.

못 말리는 덕후

2023년 10월 25일 초판 인쇄
2023년 10월 30일 초판 발행

지은이 김영분

발행인 강병욱
발행처 도서출판 교음사
편집 수필문학사

03147 서울 종로구 삼일대로 457 수운회관 1308호
Tel (02) 737-7081, 739-7879(Fax)
e-mail : gyoeum@daum.net
등록 / 제2007-000052호

* 잘못된 책은 바꿔 드립니다. 값 13,000원

ISBN 978-89-7814-943-3 03810